《乡村振兴战略下宁夏乡村文旅协同发展研究丛书》

编委会

乡村振兴战略下宁夏乡村文旅协同发展研究丛书

丛书主编　张仁汉

宁夏乡村文旅协同发展概述

NINGXIA XIANGCUN WENLÜ XIETONG FAZHAN GAISHU

主编　邹荣

副主编　徐雯雅　官玲

黄河出版传媒集团
阳光出版社

图书在版编目（CIP）数据

宁夏乡村文旅协同发展概述 / 邹荣主编. -- 银川：阳光出版社，2021.8

（乡村振兴战略下宁夏乡村文旅协同发展研究丛书 / 张仁汉主编）

ISBN 978-7-5525-6058-9

Ⅰ. ①宁… Ⅱ. ①邹… Ⅲ. ①乡村旅游－旅游文化－研究－宁夏 Ⅳ. ①F592.743

中国版本图书馆CIP数据核字（2021）第163356号

乡村振兴战略下宁夏乡村文旅协同发展研究丛书

宁夏乡村文旅协同发展概述

邹　荣 主编

徐雯雅　官　玲 副主编

责任编辑　贾　莉

封面设计　王胜泽　苗亚婻

责任印制　岳建宁

黄河出版传媒集团 阳光出版社 出版发行

出 版 人　薛文斌

地　　址　宁夏银川市北京东路139号出版大厦（750001）

网　　址　http://www.ygchbs.com

网上书店　http://shop129132959.taobao.com

电子信箱　yangguangchubanshe@163.com

邮购电话　0951-5047283

经　　销　全国新华书店

印刷装订　银川银选印刷有限公司

印刷委托书号　（宁）0021624

开　　本　720 mm×980 mm　1/16

印　　张　11.25

字　　数　210千字

版　　次　2021年10月第1版

印　　次　2021年10月第1次印刷

书　　号　ISBN 978-7-5525-6058-9

定　　价　49.80元

第一章　乡村文旅协同发展的背景及意义

第一节　乡村文旅协同发展的背景

一、乡村振兴战略的提出

从1982年中央一号文件承认包产到户合法性开始至2019年，党中央共发布了21个中央一号文件，都聚焦“三农”问题，彰显出“三农”问题在中国现代化进程中的重中之重的地位，也表达出党中央要解决“三农”问题的决心。在十九大报告中首次提出乡村振兴战略，并将它写入中国共产党章程，通过乡村振兴，将“三农”问题上升到前所未有的一个政治高度，足见解决农村问题的决心。2018年和2019年中央一号文件都明确了实施乡村振兴战略的具体部署。乡村振兴战略既是关系国计民生的根本，也是实现“两个一百年”奋斗目标的必然要求。

众所周知，我国是一个农业大国，贮本固农是安宁之要、治国之策。农业强不强，农村美不美，农民富不富，决定着中国全面建成小康社会的成色和社会主义现代化的质量。“三农”问题是事关现代化成败的关键因素。40年的改革开放，中国经济取得了举世瞩目的成就。2017年，我国的人均GDP达到8800美元，已经进入了中等偏上收入国家行列。当前中国正处于从中等偏上收入国家向高收入国家迈进的过程，从后工业化时期向工业化社会转变的关键期，同时也是正确处理工农关系、城乡关系的一个历史关口。一方面中国可以为改革开放40年取得的巨大成就而喜悦，另一方面中国必须面对40年的高速发展，它积累了一些结构性的问题，而这些问题和矛盾在不断显现。如果中国不能够顺利地实现经济发展战略和发展方式的转变，新的经济增长动力，特别是内生动力不足的时候，可能会导致经济的停滞，而快速发展中积聚的问题就会集中爆发，最常见的是贫富差距分化、产业升级困难、城市化的进程受阻。如果这些问题集中出现，就有可能落入中等收入陷阱。

中等收入陷阱几乎是大多数发展中国家在向现代化迈进过程当中的一个难以逾越的坎。从20世纪60年代中后期开始，世界上大约101个国家步入中等收入国家行列，但真正的能够跨入发达国家行列的不过13%。而像南美的阿根廷、智利、巴西，亚洲的印度尼西亚、泰国、马来西亚以及北非的一些国家，都是处在这样一个发展节点时，没能处理好工农关系和城乡关系。农业农村发展跟不上，大量的农产品供应不足，农业没有吸引力，这时农业就被国际的大资本所垄断，整个农村不能吸纳大量的农村劳动力，农民被迫涌向城市，而城市在快速扩张的过程当中，又没有足够的就业岗位，住房和社会保障没有办法让这些涌入城市的农民安居乐业。大量的失业农民就聚集在城市的贫民窟里，乡村经济和乡村出现了凋敝。而城市的工业化和城镇化都陷入困境，因为没有处理好农业农村和城市社会发展的一个平衡关系，从而长期徘徊在中等收入国家行列。中国是一个人口大国，中国存在地区城乡之间的发展差距，如果不能顺利地跨过这个阶段，那么中国面对的风险和问题将会更多。2021年在第一个百年计划完成的时候，中国能否顺利地跨过中等收入陷阱，最大的一个问题就是要解决好“三农”问题。乡村振兴战略正是基于我国基本的国情和现阶段经济社会发展的基本特征提出来的。因此它是全面建成小康社会，全面建设社会主义现代化国家的重大历史任务。

中国为什么在这样的一个时间节点上提出振兴乡村计划？这是源于新时代我国农业农村现代化已经踏上了新的历史征程。从各国发展的一般规律来看，改革初期一定程度上一般是要以牺牲农业来支持工业化城市化的进程，发展到一定阶段后，工业反哺农业，城市支持农村发展。中华人民共和国成立之初，中国实施的是二元经济结构，农村和城市相对独立的发展空间，奠定了新中国的工业基础，有效地维护了国家安全，为之后改革开放奠定了良好的政治和经济环境。改革开放以来，农村不仅提供了实现现代化、城镇化、工业化发展的丰富的人力资源，中国的农村农业也取得了长足的发展。习近平总书记指出，广大农民在我国革命、建设、改革等各个历史时期都作出了重大贡献。那么中华民族伟大复兴的这个路途当中，更应该关注农民农业农村问题。近些年来，我国农业农村发展的整体形势是不错的。2004年以来，农业连续实现丰收，粮食综合生产能力实现了质的飞跃，城乡一体化的进程也取得了较好的成绩，农村的公共服务和社会事业都达到了一个较高的发展水平。正是基于基本国情和农情的新变化，党的十九大首次提出乡村振兴战略，发展的重心开始向农村更大范围地倾斜，这实际上是顺应了城乡关系发展阶段性的一个变化。那么从发展的轨迹来看，改革初期发展只要政策到位，红利迅速释放，经济社会迅速发展。发展到一定时期，原来依靠环境、依靠资源的发展方式难以维系，而这个时候城乡之间深层次的矛盾和问题就会凸显。如果这时候找不到新的经济增长的动力，改革往往会出现停滞，甚至是倒退。这就是诸多发展中国家没能顺利地跨越中等收入陷阱的根本原因。城乡工农协调的这个关系没有预设，而中国改革开放40年所积累的物质基础和经验，让中国有信心也有能力在跨过中等收入阶段这个过程中找到新的引擎、新的方式。乡村振兴战略就是在这样的新的历史节点提出，作为实现农村经济结构转型升级，促进整个社会经济发展的一个新的突破口。

同时，乡村振兴战略的提出有其必然性，是中国实现“两个一百年”奋斗目标的必然要求。“三农”问题是关系国计民生的根本性问题，实现中华民族伟大复兴，绝不是凋零的乡村和光鲜的城市的鲜明对比，而是城市和乡村同步发展，衰败的乡村绝对烘托不出繁荣的城市来。当前，相对于快速发展的工业化、信息化、城镇化，我国农业现代化还是短板。如果说工业已经进入了4.0时代，那么农业还处在2.0和3.0阶段，真正意义上的现代化是离不开农业现代化的。可以看到，成功跨越中等收入陷阱的发达国家，无一例外都是农业现代化国家。而今天的中国农业现代化滞后，表现在农业劳动生产力远远低于第二、第三产业的劳动生产力，这就决定了中国农民的收入同城市居民收入的差距。即从事第一产业的劳动力的收入与从事第二、第三产业劳动力的收入形成了巨大的差距。尽管这五年来农民收入增速快于城镇居民，中国当前的城乡收入差距已经由2012年的2.88：1缩小到了2016年的2.72：1，但差距仍然明显。城乡发展不平衡的矛盾非常突出。因此习近平总书记一针见血地指出："农业农村工作说一千、道一万，增加农民收入是关键。"①

因此从国家的整体战略上来看，2020年全面建成小康社会所对应的就是乡村振兴的基本制度框架和体系形成。到2035年基本实现现代化的时候，中国所对应的就是农业农村的现代化基本实现。在全面建成社会主义现代化强国阶段，也就到了2050年这个阶段，中国对应的是农业强、农村美、农民富全面实现。从这个清晰的战略中可以看到，乡村振兴战略与中国整个的现代化的进程是同步推进的，所以实施乡村振兴战略是中国实现"两个一百年"奋斗目标的必然要求，是中国现代化进程当中重要的组成部分。总而言之，实施乡村振兴战略是贯彻习近平总书记"三农"思想的重大举措。中国的国情和农情没有现成的经验去借鉴，也没有一个现成的模板拿来拷贝，中国只能去凸显中国智慧，解决中国自己的问题。14亿多人口的大国如顺利地跨入高收入国家行列，这对世界经济的格局将会产生重大的影响，它一定会书写出人类历史上一个新的历史篇章。

在实施乡村振兴过程中，乡村旅游利用乡村自然资源和人文资源，把农耕活动与休闲农业、传统农业文明与现代乡土文化有机结合起来，将有效促进农村一、二、三产业融合发展，推动乡村生产、生活、生态三位一体发展，对乡村振兴具有举足轻重的意义。因此，顺应时代发展趋势、响应相关政策扶持，探索乡村文旅协同、高质量发展的机制与路径，更好地发挥旅游业在促进乡村经济发展、生态文明、资源整合、文化传承等方面的作用，是当前以及未来亟待解决的重要议题。

---

① 2018年6月12日至14日，习近平总书记在山东考察时指出。

二、国家发展乡村旅游的指导意见

近年来，党中央、国务院高度重视乡村旅游发展。2015年，国务院办公厅印发了《关于推进农村一、二、三产业融合发展的指导意见》（国务院办公厅以国办发〔2015〕93号）要求各地推进农业和旅游、教育、文化、健康养老等产业深度融合，拓展农业的多种功能。2018年农业农村部印发的《关于开展休闲农业和乡村旅游升级行动的通知》（农加发〔2018〕3号）中要求开展升级行动，推进休闲农业和乡村旅游高质量发展，加快农业农村现代化，实现农业强、农村美、农民富，建设美丽中国、健康中国。同年，中共中央、国务院印发的《乡村振兴战略规划（2018—2020年）》中提出尊重原住居民生活形态和传统习惯，加快改善村庄基础设施和公共环境，合理利用村庄特色资源，发展乡村旅游和特色产业，形成特色资源保护与村庄发展的良性互促机制，并加快打造乡村旅游精品工程。随后国家发展改革委印发的《促进乡村旅游发展提质升级行动方案（2018—2020年）》（发改综合〔2018〕1465号）中提出了补足我国乡村地区建设短板的系统性措施和步骤。文化和旅游部同时也印发了《关于促进乡村旅游可持续发展的指导意见》（文旅资源发〔2018〕98号），指出要推动乡村旅游提质增效，促进乡村旅游可持续发展，加快形成农业农村发展新动能。2019年国务院印发的《关于促进乡村产业振兴的指导意见》（国发〔2019〕12号）中提出实施休闲农业和乡村旅游精品工程，建设一批设施完备、功能多样的休闲观光园区、乡村民宿、森林人家和康养基地，培育一批美丽休闲乡村、乡村重点村，建设一批休闲农业示范县。以上这些政策意见对促进乡村旅游发展具有重要的指导意义，无不反映出政府层面对乡村旅游在激活农村发展活力、助力乡村振兴，实现乡村高质量发展等作用的高度肯定与深切期望。

第二节　乡村文旅协同发展的意义

一、乡村文旅协同发展有利于形成特色宜居的物理空间

生态因素、文化因素本来就是乡村旅游产品吸引游客的基本因素，就是发展乡村旅游的基本条件。乡村旅游也是保护原始生态环境和传统文化的最佳方式。工业革命、信息革命使世界经济飞速发展，在给人类带来丰富的物质享受的同时，也使城市失去人类不可缺少的自然环境；城市发展进入一体化的同时，也造成世界城市趋于文化一体化的恶果；世界旅游业的发展在很多旅游度假地和风景名胜地扼杀了当地的传统文化。乡村旅游，正是在人们意识到环境的恶化将使人类失去"诗意的"栖息地之后，成为城里人青睐、追求的新方向。外来人的重视与追求使乡下人被歧视、不自信的地位得到了改变，这种心理的变化是传统文化得以保护的基础。此外，在发展乡村旅游过程中，保护乡村人文生态环境也变得十分重要。如保护乡土建筑景观、乡土服饰文化、乡土饮食文化、乡土语言、乡土风俗等一系列人文资源要素整体塑造体现"乡村性"的原汁原味的乡土风貌，将乡村文化融入乡村田地、屋舍，可以提升乡村资源价值，提高乡村文化可视度，增强乡村间的差异性，促进乡村特色化发展。

未来乡村旅游的一个重要趋势就是沿着文化旅游和生态旅游相结合的方向发展，许多以乡村旅游为主导发展方向的旅游区，都十分重视生态环境的保护和景观的培育，设立生态保护区，不仅具有保护物种、改善环境的作用，而且也是对生态旅游资源的间接保护，形成了整体的绿色乡村景观。① 乡村生态旅游地一般都是由乡村环境优越、农业产业发达的地区发展起来的，如四

① 郑凤萍、丁永义、阎晶．国外乡村旅游发展对我国的启示 [J]. 北方经贸，2008（3）.

川省成都市郫都区友爱乡乡村生态旅游的发展是在园艺、盆栽、林果的基础上嫁接乡村生态旅游；云南省宣威市靖外镇下村的农家乐旅游是在云南省林业厅生态示范村基础上嫁接乡村生态旅游；昆明市团结乡、乐居等地的农家乐旅游也是在生态环境恢复工程实施过程中嫁接的乡村生态旅游。① 在乡村旅游发展过程中应始终以可持续发展理论为指导思想，实现真正意义上的乡村生态旅游。

二、乡村文旅协同发展有利于形成文明开放的文化空间

发展乡村旅游，可以促进城乡融合，增强城乡互动。农民通过与城市游客的接触、沟通，能更多地接收城市的政治、经济、文化、意识形态等信息；为了能更好地服务于游客，农民不得不积极地通盘了解城乡发展局势，接受现代意识观念和生活习俗，提高自身素质。从另一个角度看，城市居民通过旅游活动，亲身体验民俗文化，甚至参与简单的农耕活动；城市游客在体验异样生活趣味、放松身心的同时，也能切身体会农民的艰辛，粮食的珍贵；在旅游过程中，也能让城市游客感受到乡村碧水蓝天的怡情惬意，熟知环保的重要性。同时，发展乡村旅游，能加强乡村精神文明建设，营造新的文明乡风。为了适应瞬息万变的市场环境，乡村居民须在旅游服务工作中不断学习，不断提高自身业务能力，培养自身的市场观察能力，把自己锻炼成社会主义新型农民。从事乡村旅游工作的乡村农民在提升自身业务能力的同时，其服务意识、言谈举止等自身素养都能得到提升，无形中也加快了乡村精神文明建设进程，更好地营造新的文明乡风。

三、乡村文旅协同发展有利于形成充满活力的经济空间

发展乡村旅游，可以充分利用乡村丰富的旅游资源，发展旅游业，实现“产业兴旺”与“生活富裕”在乡村的有机结合。发展乡村旅游服务业，可以

---

① 蒙瑞．乡村生态旅游理论与实践 [M]. 北京：中国环境科学出版社，2007.

促进农民转移就业，调整和优化农村产业结构，有效拓展农业功能，延长农业产业链，增加农产品附加价值；同时，乡村旅游为农产品开辟了巨大的消费市场，农副产品实现就地销售，降低了运输成本，提高生产利润，增加了农民收入，为农民的“生活富裕”提供了经济保障，为乡村振兴提供良好的经济基础。发展乡村旅游，可以合理、有效地开发农村的自然资源、人文资源，使两者得到同步增值。乡村旅游的开发、运营不是单方面某一产业的服务能解决的，它是全方位的综合发展体系，是为解决游客的“吃、住、行、游、购、娱”而构建的战略联盟。在旅游开发运营过程中，以第三产业为主，农业为辅，工业为乡村旅游的发展提供技术支持和维护保障。因此，乡村旅游的开发、运营，是全方位的综合发展工程，是农村经济一、二、三产业的融合发展，是“产业兴旺”的积极表现形式。

第三节　乡村文旅协同发展的历程和现状

一、乡村文旅协同发展的历程

自城市出现之日起，乡村的价值逐渐被人们所发现。尽管人类的发展历史是一个人口与资本不断向城市聚集的过程，但乡村始终代表了与城市文明对立的人类社会中自然、和谐、富有原始生命力的一面，千百年来成为无数城市居民的精神寄托和乡愁之源，从而孕育了乡村旅游活动的发展。世界各地的相关研究都显示，现今意义上的乡村旅游业是由人类最初的乡村旅行活动发展和演变而来的。尤其在东西方文化中心的中国和欧洲，乡村文旅协同发展有着悠久的历史。

（一）西方乡村文旅融合的历程

中世纪，英国的圈地运动使森林、草地、沼泽和荒地等许多没有固定主人的大量公有土地被圈占，圈地贵族为了便于管理圈占的领地，往往在乡村地区兴建庄园，带来城市向乡村的人口流动。由于封建贵族生活优越，热衷于狩猎、探险等活动，而这种活动恰恰要依托乡村空间而存在。1079年威廉一世在英格兰南部的New Foster建设的狩猎场被许多学者看作是乡村旅游活动的起始事件。而中世纪这一阶段被认为是乡村旅游活动真正萌芽的时期。①

15世纪末以来，以地理大发现、宗教改革、民族国家的崛起为标志，欧洲进入近代时期，资本主义经济兴起，科学技术突飞猛进。乡村旅游活动受以上因素影响，在这一阶段更加频繁。一方面，文艺复兴孕育田园度假情结。文艺复兴以后，欧洲社会逐步由封建社会过渡至资本主义社会，人类的知识和精神得到空前解放与创造。欧洲建筑与造园艺术逐步达到巅峰，兴建优美的乡村庄园作为第二居所，甚至是主要居所成为一种贵族风尚。英国小说《傲慢与偏见》细腻地描绘了19世纪初期英国贵族的庄园生活，一定程度上反映了当时上流社会在乡村庄园中居住、社交、休闲的社会现实。另一方面，由于哲学与艺术倡导人性解放、关注世俗生活，代表了天然、自由的乡村和乡村的世俗生活成为艺术作品热衷于表达的对象。如16世纪著名的文学作品《堂吉诃德》对西班牙宁静的乡村田园风光进行了生动的刻画，又如荷兰17世纪兴起的以乡土生活场景为主题的风景画流派等。人们对乡村的关注不再局限于贵族庄园内部，而展现出面向农民朴实生活的乡村人文关怀。工业革命推进交通改善和城市化进程。18世纪60年代到19世纪30年代末是以英国为代表的工业革命，同时在19世纪美、法、德等国的产业革命也陆续完成。第一，这次工业革命加快了城市化进程，使很多人从乡村转移到工业城市，快节奏的城市生活的心理压力助长了人们对返回大自然的追求；第二，社会、生产的财富不再只是流向封建贵族和大土地所有者，而是越来越多地流向了新兴的工业资产阶级，增大了经济上有条件外出去乡村旅游消遣的人群规模；第三，伴随着蒸汽机技术在交通运输领域中的应用，火车和轮船的出现大大改

① 干永福、刘锋．乡村旅游概论[M]．中国旅游出版社，2017：30.

变了人们的生活。[①] 乡村旅游活动正是因为有了工业革命这一强大动力，才能够从零星的乡村文化旅游活动，向崭新的、充满活力的乡村文化旅游业发展。

近代欧洲乡村旅游始于法国。1855年，一位名叫欧贝尔的法国参议员带领一群贵族来到巴黎郊外农村度假，他们品尝野味，乘坐独木舟，学习制作肥鹅肝酱馅饼，伐木种树，清理灌木丛，挖池塘淤泥，欣赏飞鸟，学习养蜂，与当地农民同吃同住。通过这些活动，使他们重新认识了大自然的价值，加强了城乡人民之间的交往，增强了城乡人民的友谊。[②] 随后两次世界大战相继爆发，战争给城市和乡村带来了毁灭性的灾难，这一时期的乡村旅游几乎陷入停滞。但20世纪20年代，铁路的发展使更多的人能够去乡村感受大自然的魅力，从而奠定了乡村旅游在战后快速发展的基础。

无论是国内旅游学界还是国际旅游学界，一般都将第二次世界大战的结束作为现代旅游发展的起点。在这一时期，人们的旅游活动不仅开始恢复，而且需求规模出现了前所未有的快速发展。据统计，1950年至1960年的十年内，国际旅游人次与旅游消费额增长了约3倍，大众化旅游现象于1960年开始出现。此后，随着旅游规模的增长和旅游经济的发展，旅游业逐渐成长为世界经济中的“巨人”。[③] 随着战后旅游活动恢复，乡村旅游的需求也快速发展。尤其在世界发达国家，战后的半个多世纪中乡村旅游产业不断转型升级，从功能单一、品质较差的乡村旅游初期产品逐步向功能丰富、注重文化内涵、品质提升、规模扩大、产业联动的现代乡村旅游业转型发展。因此这一阶段称为现代乡村旅游阶段，这一阶段乡村文旅协同发展的程度更深、范围更广。在现代乡村旅游阶段，以欧美为代表的发达国家在其中扮演了重要角色，是乡村旅游的先行者。当下的乡村旅游产品中，许多起源于这些发达国家，如乡村民宿、葡萄酒庄园等。20世纪60年代，西班牙开始发展现代意义上的乡

---

① 干永福、刘锋．乡村旅游概论 [M]. 北京：中国旅游出版社，2017：31.

② 何丽芳．乡村旅游与传统文化 [M]. 北京：地震出版社，2006：12.

③ 干永福、刘锋．乡村旅游概论 [M]. 北京：中国旅游出版社，2017：31.

村文化旅游，随后，美国、日本、波兰等国先后推出原生态特色的乡村旅游产品，乡村度假就成为许多城市居民的选择，乡村旅游逐渐盛行开来。20世纪80年代后，在欧美一些发达国家，乡村旅游已具有相当的规模，并且已走上规范发展的道路，显示出极强的生命力和越来越大的发展潜力，乡村文化旅游逐渐成为大众化的社会活动。

（二）中国乡村文旅融合的历程

由于政治、经济、社会的演变不同，古代东方世界的乡村旅游发展与西方有着不一样的发展轨迹。公元前2000年，东方的文化中心——中国开始了其独特的、内生的城市进程，但是大多数早期城市都是小型的宗教仪式中心，周围环绕着为宫廷服务的手工业作坊。在商周时期，带城墙的大型城镇的第一次发展，乡村与城市的差异愈发明显，从而萌发了最早的乡村旅游活动。

但在我国，真正自觉开展乡村文旅活动还是在魏晋时期。自魏晋以后，文人士大夫阶层自我意识觉醒，是乡村旅游活动的主要参与者，也正是通过他们的艺术创作，将乡村情结融入文化作品中。魏晋南北朝的战乱使文人逃向山水田园。中国真正意义上以乡村地区为独立审美对象的文化作品，如山水田园诗和山水画等，均兴起于魏晋南北朝时期。该时期时局混乱、干扰不断，文人士大夫阶层不得不离开动荡的政治环境，隐置于山野之间。受老庄思想的影响，在自然山水间的逍遥游成为魏晋以来士人解脱苦闷、恐惧和孤独的一种精神上的自我超越。他们希冀通过这种逍遥的精神境界求得心理上的平衡，不受浊世的干扰，实现自己的人生理想。如竹林七贤之一的阮籍，沉沦酒乡，避世佯狂。到东晋时期，士人间的风气已不再张狂。他们开始意识到逍遥无为虽然可以暂时减轻他们心中的苦痛，但个人的自由与社会存在不能圆融的问题得不到解决，使他们不得不清醒地面对冲突，因此更加痛苦。采用“无尤无怨”的态度沉溺田园生活，成为人们排遣孤独和痛苦的方式。著名诗人陶渊明正是在这一时期开创了田园诗派，写下“采菊东篱下，悠然见南山”等脍炙人口的名句名作。因此，可以说魏晋时期乡村旅游活动是在动荡的政治局势下，文人士大夫阶层在现实生活中无法实现儒学追求，而转向道家、佛家寻求心理慰藉的方式。在此后一千余年的封建历史中，这一诉求始终是士人乡村旅游活动的主要原因。

唐宋时期士人漫游成为风气。从隋朝开始实行的科举制度延续千年，自此士人用功读书的风气盛行，文人士大夫阶层迅速壮大，并在文化艺术上有了更深的造诣。因此，文人士大夫阶层对多彩旅游的记载可以通过诗词歌赋来进行考证。唐宋文学作品中，常见的乡村旅游主题包括踏青郊游、寄情山水、社交访友等。踏青之俗在汉代已经形成，到了唐代更为盛行，有“逢春不游乐，但恐是痴人”之说。踏青郊游的内容丰富多彩，如观赏山川风光，游览名胜古迹，进行野炊，采摘百草，狩猎，放风筝等。杜甫的“江边踏青罢，回首见旌旗”是当时踏青盛况的真实写照。王维的《山居秋暝》中“空山新雨后，天气晚来秋。明月松间照，清泉石上流。竹喧归浣女，莲动下渔舟。随意春芳歇，王孙自可留”则是在对田园山水描写之中，寄托着诗人高洁的情怀和对理想境界的追求。而唐代诗人孟浩然在《过故人庄》中“故人具鸡黍，邀我至田家。绿树村边合，青山郭外斜。开轩面场圃，把酒话桑麻。待到重阳日，还来就菊花”写的是诗人应邀到一位农村老朋友家做客的经过。在淳朴自然的乡村风光之中，主客举杯饮酒，闲谈家常，充满了乐趣。

明清时期兴起乡村考察活动。至明清时期，文人士大夫阶层仍是主要的乡村旅游者，并更重视对自然山水景观的鉴赏和旅游经验的总结。尤其是明朝国内考察旅行极盛，学术著作成就不凡，成为一种新的乡村旅游形式。如地理学家徐霞客北抵燕幽，东达粤闽，西入滇南，深入乡野自然进行考察，并在旅途中坚持记有游记，记录观察到的各种现象、人文、地理、动植物等状况，著成《徐霞客游记》。著名医学家李时珍在全国各地山野中收集药物标本和处方，并深入乡村，拜渔人、樵夫、农民、车夫、药工、捕蛇者为师，完成了192万字的巨著《本草纲目》。这些乡村考察活动极大地推动了对中国乡村资源的探索，丰富了人们对乡村的认识，是中国乡村旅游资源价值的重要提升。而宋朝开始出现的类似于农家乐的商业行为，在明朝蓬勃发展，甚至产生了资本主义的萌芽。[①] 进入清朝以后，由于国家对外闭关锁国，对内种族矛盾尖锐，在高度中央集权的统治下，文人的乡村旅游活动随着商品经济的衰落而逐渐没落。相反，清朝皇族热衷于修建乡村离宫，或许是当时乡村旅游的主要群体。

我国的乡村旅游起步较晚。中国广袤的农村聚集了大约70% 的旅游资源，浓郁的乡土文化、独特的民俗风情、多彩的民族特色、优美的田园风光，成为乡村旅游丰富资源的所在。中华人民共和国成立以后，随着改革开放的深入，一方面，沿海发达地区城市化进程加快，工业生产伴随着环境的恶化和城市生活的快节奏，打破了中国传统文化下自然经济和社会关系，发展经济成为整个中国的主旋律，沿海地区和大的都市的工业发展带动了服务行业的发展，乡村旅游也应运而生。另一方面，在市场需求的促动下，随着农业产业结构的调整，农业观光旅游项目的设计与开发成为农村地区发展旅游业的重要渠道。我国最早现代意义上的乡村旅游，以1978年台湾苗栗县大湖葡萄园的开辟为开端。在随后的两年间以观光果园、观光茶园、观光花园等形式的观光农场在台湾就达280多公顷，遍布全岛。20世纪80年代后期，深圳首先举办荔枝节，标志着我国大陆现代乡村旅游的开始，此后各地纷纷效仿，开办了各具特色的观光农业项目。20世纪90年代初，许多发达地区的乡村旅游也悄然兴起，如北京大兴的观光农场、广东东莞的年丰山庄、上海孙桥的现代农业区、无锡马山的“无锡太湖生态旅游农业区”、山东泰安的家庭旅游等。北京从20世纪80年代后期开始发展乡村旅游，自昌平县十三陵地区率先建立观光果园以来，先后建立了100多个观光农业和田园性公园，主要提供农园观光、果园采摘、鱼塘垂钓、森林观光度假、牧场观赏狩猎、乡村民俗文化等旅游项目。我国的现代乡村旅游发展过程，突出原生态特色，满足游客回归自然的强烈愿望。

进入20世纪90年代，随着各地城市化的进展，乡村旅游发展非常迅速，

---

① 干永福、刘锋 . 乡村旅游概论 [M]. 中国旅游出版社，2017：31.

乡村旅游出现了质的变化，由特定社区的农业观光转向了城市近郊大规模的“农家乐”式的休闲旅游，出现了所谓“城市周边游憩带”，以其低廉的消费，便捷的交通和时尚的主题——住农家屋、吃农家饭、干农家活、享农家乐，迅速成为城市居民大众化的休闲方式之一。1998年的华夏城乡游，从青山秀水、乡村风情、农村新景、五业兴旺四个方面，展示了中国农村的原生态环境和文化以及农村发展的勃勃生机。1999年的生态旅游年，提出“返璞归真，怡然自得”的旅游口号，推出观鸟、徒步、垂钓、沙漠探险、登山等原生态体验的乡村旅游活动。2002年的民间艺术游，以丰富多彩的民间艺术节庆、民间艺术专项旅游产品和精品旅游线路吸引游客，融知识性、艺术性、趣味性于一体，把原生态的中国民间艺术得以很好的展示，激发了海外旅游者来华旅游的兴趣。2004年的中国百姓旅游年，源于中华民族传统文化的民间艺术，有着深厚的群众基础、浓郁的民族特征和鲜明的地域色彩，是中国旅游的重要内容，不仅为中国人民喜闻乐见，也

宁夏中卫市沙坡头区迎水桥镇南长滩一隅（展帆 / 摄）

备受世界各国旅游者的青睐。2006年的中国乡村旅游年，以原生态的民族村寨、古村镇为重点，促进乡村旅游向深层次发展。我国乡村旅游依托原生态的特色，使更多的游客实现了回归大自然的梦想，并进入前所未有的发展时期，出现了空前繁荣的景象。2007年原国家旅游局又确定旅游年主题是“中国和谐乡游”，旨在推动我国乡村旅游的大发展。2009年全国主题旅游年确定为“中国生态旅游年”，主题口号为“走进绿色旅游、感受生态文明”。旨在进一步加大生态旅游产品推广力度、广泛宣传环境友好型旅行旅游理念、大力倡导资源节约型旅游经营方式、切实满足不断升级的旅游消费新风尚，把我国旅游业建设成为遵循可持续发展原则的绿色产业，旅游与生态融合成为乡村旅游的新趋向。

二、乡村文旅协同发展的现状

（一）市场需求不断增长

在旅游业整体快速发展带动下，我国乡村旅游呈现“井喷式”增长态势。根据文化和旅游部发布的数据，2018年上半年，全国乡村旅游收入7700亿元，占同期国内旅游总收入的31.4%；全国乡村旅游接待人次达到13.7亿人次，占同期国内旅游接待总人次的48.6%。2018年全国乡村旅游总人数达到28.2亿人次，乡村旅游总收入达到1.63万亿元。2019年上半年，乡村旅游人次和总收入增长双双超过10%。同时，在乡村振兴战略支持下，乡村基础设施建设进一步完善，乡村旅游在需求和供给两端受益。随着产品内容、服务内容、消费内容升级，乡村旅游拥有巨大发展空间。这一方面反映了乡村旅游发展已经达到相当规模，同时，也说明乡村旅游的创收效益显著落后于全国旅游发展的平均水平，通过全国乡村旅游重点村名录建设工作，提升乡村旅游产品吸引力和综合效益成为我国乡村旅游发展现阶段亟待解决的问题。政策环境持续向好。乡村旅游作为我国旅游消费中发展最快、潜力最大、带动性最强的领域，发展空间和增长潜力被各方看好。社会各方不同程度地认识到，乡村旅游并不只是简单的“采农家菜、看农家景、吃农家饭、赏农家戏”，更重要的是借助内容创新，丰富产品供给，保护开发乡土文化，带动当地就业，产生多元综合效益。中央和地方各级政府出台了一系列政策和优惠措施，促进乡村旅游发展，用旅游促进乡村振兴。文化和旅游部从农村实际和市场需求出发，部署安排完善乡村旅游基础设施，优化旅游环境，丰富旅游产品。山东、湖北、江苏、浙江等省区市纷纷出台乡村旅游发展规划，制定促进乡村旅游发展的用地、财政、金融等扶持政策，加大配套公共设施建设支持力度，加强从业人员培训，强化体验活动创意、乡土文化开发等。

（二）文旅产业链条不断延伸

随着我国居民收入和消费水平的不断提高，城乡空间距离的缩短，为乡村旅游产业衍生出新的业态形式提供了更多的可能性。乡村绿道、登山步道、户外体育公园、休闲露营地、房车自驾车营地、马术俱乐部等新产品和乡村主题博物馆、乡村非遗展示馆、乡村美术公社、乡村音乐部落、乡村动漫基地等新业态层出不穷。作为乡村旅游住宿的主力军，不少民宿开始升级“住”之外的内容，既有效满足了游客对内容更高层次的需求，又进一步延伸了产业链，提升了价值链。

（三）内容竞争日趋激烈

随着乡村旅游“灌注”的内容不断增多，乡村旅游市场的竞争愈发激烈。能够关联乡村各方面资源，整合农耕文化、农业体验、牧业体验、手工体验、自然体验、民俗文化体验等，提供优质内容的经营者，相较于提供简单化体验和服务的经营者，更容易吸引客流、提升品牌知名度、拓宽收入渠道。优质内容已成为乡村旅游最大的竞争力。更多的乡村旅游内容，正在竞争中被创造出来。

乡村旅游快速发展得益于旅游市场多样化的消费需求，因为越来越多游客向往亲近大自然，享受田园风光，体验传统文化。乡村旅游已经成为我国旅游业重要组成部分，是实施乡村振兴战略的重要力量，在推进农业农村现代化、城乡融合发展、贫困地区脱贫攻坚等方面发挥着重要作用。随着乡村旅游发展规模越来越大、需求越来越多、产品和服务要求越来越高，制约乡村旅游发展的瓶颈也日益凸显。因此，乡村旅游亟须转型升级、特色发展、提质增效。党的十九大报告做出“我国经济已由高速增长阶段转向高质量发展阶段”的重大历史判断，2017年、2018年连续两年的中央经济工作会议都重点强调推动高质量发展，可见高质量发展已成为我国经济社会发展的总指引，也为乡村旅游发展提供了战略指引和基本遵循。为响应这一国家战略部署，国务院及相关部门先后出台支持引导乡村旅游提质增效、转型升级的政策方案。近年来，受产业政策和人口规模等因素的综合推动，乡村旅游统筹运用乡村自然资源和人文资源，呈现蓬勃发展态势，已经成为不少地方脱贫致富、产业转型升级的重要途径，越来越多的农村人口享受到了乡村旅游发展的“红利”。但热闹中亦存有隐忧，乡村旅游发展面临着产品同质、开发形式单一、人才匮乏等成长的烦恼。要落实好总书记关于发展乡村旅游的重要指示，需要我们理性审视乡村旅游发展现状，深度剖析瓶颈问题。

第四节　乡村文旅协同发展的趋势

就国内市场而言，因市场启动晚，旅游需求正处在由观光向度假游、专题游的层次递进阶段。我国乡村旅游尚停留在观光、休闲娱乐阶段，表现为乡村旅游产品类型单一，产品粗糙，经营粗放，绝大多数乡村旅游者享受到的是较低价位的消费水准、较低档次的旅游服务和较低层次的精神感受，对旅游景区、农业生产的收获活动和传统节庆活动有着极大的依托性。尽管如此，随着我国经济的快速健康发展，旅游正逐渐成为一种普遍的生活方式，国内旅游需求多极化发展趋势和旅游消费个性化发展趋势正旺，国内乡村旅游也正在向着融观赏、考察、学习、参与、娱乐、购物和度假于一体的综合型方向发展，需求层次不断提高。

虽然，目前国内乡村旅游还处于最基本的观光需求层次，但是游客对自然环境的天然性、纯净度和优美度的要求越来越高，对人文环境则要求古朴、新奇，“乡土味”“民族味”浓。同时，放松精神、休闲度假、休养疗养、回归自然，享受天人合一的和谐、温馨与浪漫，将逐步成为乡村旅游的主要目的。总体来看，当前乡村旅游需求呈现多元化、多样化、特色化的发展趋势，游客对环境旅游与文化旅游紧密结合的多功能、复合型乡村旅游产品的需求日渐旺盛。因此，在乡村文旅协同发展中，特别要重视乡村特色文化建设，充分挖掘乡村文化内涵，增强乡村旅游魅力。我国广袤的农村地区，生活着数以亿计的农民，他们的生活变迁是几千年来中国农村社会经济发展的缩影，许多地方仍然传承着优秀的乡村文化和农业文明，仍然保留着传统的民间民俗和耕读治家精神，一些地方仍然沿用着独特的生活方式和少数民族习俗。这些具有中国特色的乡村文化都是十分重要的旅游资源，通过挖掘、整理、提炼和宣传，可以丰富乡村旅游内涵，提升乡村旅游品质，增强乡村旅游吸引力。

一、乡村文旅协同重在特色文化和地域民俗

乡村特有的文化、独特的民俗是吸引游客的重要资源。因此，内涵建设要从特色文化和地域民俗着手。首先，挖掘优秀传统文化，通过地方志、族谱、家谱等史料发掘和梳理特色文化。对仍然保存的民间民俗活动进行发掘，提炼精华，形成旅游资源。其次，保护好乡村文化，在保护的基础上，有效利用文物古迹、传统村落、民族村寨、农业遗迹、文化遗产、非物质文化遗产等，融入乡村旅游产品开发，促进文物资源与乡村旅游融合发展。对自然生态、田园风光、历史文化等资源有效保护，严格规划建设管控，保持传统村落原有肌理，延续传统空间格局，注重文化挖掘和传承，防止千村一面和城市化翻版、简单化复制。再次，因地制宜推进乡村文化内涵建设，可以根据区域

特点和资源禀赋，以文化为灵魂，以市场为导向，科学规划，积极开发特色化、差异化、多样化的乡村旅游产品。杭州西湖区梅家坞茶文化村是一个有着600多年历史的古村，是西湖龙井茶一级保护区和主产地之一。早在20世纪中期，这里就是对外宾开放的定点观光区，几十年来共接待了上百位国际名人和国家元首。近年来，梅家坞村充分发挥文化的作用与价值，积极发展茶文化系列乡村旅游，建设和开发了周恩来纪念室、琅珰岭、礼耕堂等3个历史文化景观。梅家坞茶文化村营造出了“十里梅坞蕴茶香”的农家休闲旅游环境，成为杭州城郊最富茶乡特色的农家自然村落和茶文化休闲观光旅游区，形成了颇具规模的特色乡村旅游，深受中外游客喜爱。

二、乡村文旅协同重在旅游产品质量和旅游品牌

乡村旅游可持续发展，必须在质量和品牌提升上下功夫。要牢固树立新发展理念，落实高质量发展要求。质量是内涵不可或缺的重要方面，乡村旅游的质量主要体现在以下几方面：一是产品的高质量。要促进传统乡村旅游产品升级，加快开发具有文化内涵的旅游产品，真正把农民生产生活、乡村风情风貌、农业产业特色等打造成高质量产品。二是服务的高质量。通过制定完善服务规范和标准，提高乡村旅游服务管理水平。加强经营者、管理者、当地居民等技能培训，提升乡村旅游服务品质。三是内涵品牌的形成。要弘扬传统农耕文化，在形成品牌、发展品牌和运营品牌等方面发力，形成系统化、品牌化产品。培育和发展各具特色的乡村旅游品牌是促进乡村旅游提质增效的必由之路。推出一批全国乡村旅游重点村，可以助力特色乡村旅游品牌创建和市场营销，并逐步形成我国乡村旅游品牌体系，为不断拓展国际国内旅游市场提供更加有力的支撑。鼓励具备条件的地区集群发展乡村旅游，积极打造有影响力的乡村旅游目的地。支持资源禀赋好、基础设施完善、公共服务体系健全的乡村旅游点创建A级景区。在国家和地方相关政策、资金的引导下，吸引社会各方力量，全面增强乡村旅游品牌的影响力和竞争力，

在全国各地真正推出一批特色鲜明、优势突出、市场信誉过硬的乡村旅游品牌，并在乡村旅游发展具有相当规模、空间相对集中的地方，积极打造有影响力的乡村旅游目的地，以文旅协同为主要路径，推动我国乡村旅游高品质发展。

三、乡村文旅协同重在创新和文化创意

在文化和旅游深度协同的大背景下，乡村旅游发展亟待加强内涵创新和文化创意。每个乡村都有属于自己的历史和记忆，这种原生的符号属性是与其他景点区别的根本所在。如梅家坞茶文化村，正是通过历史文化挖掘，创新发展茶文化旅游，把茶历史、茶采摘、茶炒制、茶表演和茶功能等内容糅在一起，让游客感受浓浓的茶文化气息，享受茶文化生态自然之美、农家风情之乐。突出特色创新和创意，结合本地文化和旅游资源，创造性地开发旅游产品，挖掘文化内涵，从文化差异、地域特色、创意设计等方面打造乡村旅游吸引点。如依托当地自然和文化资源禀赋发展特色乡村民宿，注重创意设计，在特色餐饮、文化体验、休闲娱乐等方面满足游客需要，综合带动效应明显。乡村旅游是探索文旅协同发展的广阔舞台，传承、挖掘和展现乡土文化，是提升乡村旅游发展品质和市场竞争力的核心要素。我国地域辽阔，各地自然条件、经济社会发展千差万别，乡村文化类型丰富多彩，要按照因地制宜、特色发展的基本思路，挖掘乡村传统文化和乡俗风情，加强乡村文物保护利用和文化遗产保护传承；根据乡村所在地的区域特点、资源禀赋以及技术和资金配置条件，在保护传承的基础上，吸收现代文明优秀成果，通过创造性转化、创新性发展，丰富乡村旅游的人文内涵，开发特色化、差异化、多样化的乡村旅游产品，推动乡村旅游精品化、特色化发展。要有效保护和利用乡村的各类物质和非物质文化遗产，使之有机融入乡村旅游产品开发。要努力使乡村旅游发展的各个要素融入和展现乡村文化的魅力，比如，可选择具有显著特色和深厚文化底蕴的乡村，开展体现农耕文化的研学旅行

宁夏中卫市沙坡头区迎水桥镇南长滩一隅（展帆 / 摄）

和体验旅游；鼓励乡村与专业艺术院团合作，传承和创作反映农村地区地域特色文化、民族民间文化、优秀戏曲曲艺等，打造特色鲜明的乡村文化精品；推动乡村传统工艺品的生产、设计等发展，鼓励各地发展特色乡村民宿、特色餐饮和休闲娱乐活动，使之成为展现乡村旅游魅力的新舞台。

四、乡村文旅协同重在借势国家推动乡村发展的重大战略

当前，要突出对接乡村振兴、城乡融合、脱贫攻坚等国家战略，使乡村旅游发展有机融入国家战略，并发挥乡村旅游在实施国家战略中的独特作用。实践证明，乡村旅游是实施乡村振兴和脱贫攻坚的重要力量，在“产业兴旺、生态宜居、乡风文明、治理有效、生活富裕”的乡村振兴的五个总体目标中，乡村旅游都可以从不同方面发挥其独特的功效。同时，乡村旅游在脱贫攻坚方面具有特殊作用。贫困地区在发展乡村旅游过程中，要根据自身特点，积极创新发展模式，走适合实际的发展之路，通过发展乡村旅游实现脱贫减贫。

加强对旅游市场需求的研究，强化规划引领，完善乡村基础设施建设，优化乡村旅游环境，丰富乡村旅游产品，有效推动乡村旅游向市场化、产业化方向发展，从而全面提升乡村旅游的发展质量和综合效益，为乡村振兴做出重要贡献。同时，发展乡村旅游，要怀着对文化敬畏的心情，吸取教训，坚决反对大拆大建，避免急功近利、低水平复制、人为制造乡村旅游发展典型和样板，使乡村旅游按照尊重自然、敬重文化并符合市场发展规律的轨道，实现有序、健康、可持续发展。

第二章　乡村文旅协同的基本内涵

乡村文化和乡村旅游有着共同的地域空间和共同的参与主体。乡村文化是乡村旅游的重要依据，乡村旅游是乡村文化挖掘、保护和传承的重要途径。乡村文化保护利用和旅游发展是相互依托、相互影响、相互制约、相互促进的关系，处理好二者之间的关系，实现乡村文旅协同发展，对于新形势下我国乡村全面振兴具有重大的理论意义与现实意义。

第一节　乡村文化和旅游的理念协同

一、乡村文化和乡村旅游的内涵

（一）乡村文化的内涵

文化是相对于经济、政治而言的人类全部精神活动及其产品。文化的概念纷繁复杂，当代大多以广义的文化领域为研究对象，即物质文化和精神文化，这两个层次既相对独立，又彼此相互依存和相互制约，构成一个有机的整体。乡村文化是村民在乡村这个特定的区域环境中长期生存而形成的物质和精神财富。具有多样性、区域性、传统性、民族性、原生态性等特征。

1. 乡村文化的构成

（1）乡村物质文化。乡村物质文化是人们在长期的乡村生活中所创造的物质产品、创造方式及其表现的文化，既包括具体的器物，也包括这些器物的生产工艺和技术。乡村物质文化是乡村居民集体或个人智慧的外在显现部分，具有直接的视觉体验特点。具体包括乡村田园景观、乡村建筑景观、农耕生活景观、乡村饮食文化、乡村物质艺术文化等。可以说乡村的这些物质文化资源是人们享受体验乡村魅力、感受乡村生活、欣赏乡村景观的重要载体，是人们体验乡村旅游的最直接的形式。

（2）乡村精神文化。乡村精神文化是指乡村作为一个稳定的共同体所具有的共同的心理结构与情感反应模式，通常表现为乡村居民的性格、价值观、生存观等。它潜存于物质文化里，是隐性的，依托适当的开发和特定的呈现，游客通过长期的体验可领悟其内涵。乡村精神文化主要包括村落、民居的选址布局艺术，朴实的生活习俗，丰富的歌谣、传说、故事等乡村口头艺术等。乡村的这些精神文化资源是游客了解、学习和感悟我国丰富的乡村文化，理解体验“俗文化”的重要资源，是吸引广大游客到乡村进行旅游休闲的重要动力。

2. 乡村文化的理念

在不同历史时期乡村文化承担着不同的功能，因此也具有不同的理念。

在过去，乡村文化多以共同的生活环境和价值体系维系着乡村社会的和谐稳定，“保持和维护传统习俗”是当时乡村文化理念的核心，“墨守成规”是其行为要求，其特点是稳定性、保守性和一致性。

在新的历史时期，乡村文化不仅具有维系乡村社会和谐稳定的功能，还有推动乡村社会和经济发展、环境改善等更多功能，因此乡村文化有更多新的理念。诸如弘扬传统文化、维系社会稳定、支撑经济发展、维护生态环境就是新时期我国乡村文化繁荣发展的重要理念。

（二）乡村旅游的内涵

1. 乡村旅游的概念

乡村旅游以乡村特定区域的自然和人文资源为吸引物，依托其优美景观、自然环境、建筑和文化等资源，开展传统乡村观光、农业体验，以及健康、教育、文化、度假、娱乐、体育等项目的旅游方式。民风民俗、田园味道是乡村旅游的核心吸引物。乡村旅游开发是对乡村文化资源和自然资源重新整合的过程。

2. 乡村旅游的特征

（1）产品的多样性。乡村旅游资源丰富多样，依托于田园风光、乡村民居、农事活动、节庆活动、民俗风情、乡土文艺、民间工艺等资源，可以开发形成生态观光旅游、休闲农业旅游、民俗文化体验旅游、娱乐健康旅游、文化教育旅游等多样化的乡村旅游产品，开展内涵丰富、生动活泼的旅游活动。

（2）活动的体验性。乡村旅游活动的本质要求是游客的参与和体验。乡村旅游开展的诸如采摘、垂钓、捕捞、划船、娱乐、文化、教育等活动需要游客的积极参与才能完成，具有高度的体验性。所以，游客广泛而深入参与到旅游活动，其体验质量就高。

（3）特色的地域性。乡村旅游资源形态各异，且大多以自然风貌、劳作形态、农家生活和传统习俗为主，受季节、气候和水土的影响较大，造就了各地乡村风格迥异、特色鲜明的旅游资源和活动内容。同时，文化传统和风俗习惯的差异，还可以满足游客深层次的精神需求。

（4）风味的乡土性。乡村旅游的本质是乡土文化性，乡土文化性是乡村旅游的灵魂，是乡村旅游区别于其他旅游类型的主要依据。对于旅游者而言，浓郁的乡土文化氛围，是乡村旅游永恒的吸引力。吃农家饭、住农家屋、体验农家情都是乡村旅游开发的重要依托。

（5）市场的广泛性。虽然近距离的城市是乡村旅游的主要客源地，但由于乡村旅游的乡土性、文化性、原生态性、体验性、多样性等特征而使其具有广泛的市场吸引力，可满足不同旅游动机的游客需求。尤其在旅游需求层次不断提高的当下，以乡村文化为核心资源要素的乡村旅游更是游客不二的选择，具有极强的市场吸引力。

3. 乡村旅游的类型

乡村旅游不仅是基于农业的旅游活动，也是一个多层面的旅游活动，它除了包括基于农业的休闲旅游外，还包括生态旅游、探险、运动、健康旅游、教育性的旅游和文化传统旅游，以及一些区域性的民俗旅游活动。

4. 乡村旅游的理念

乡村旅游功能随着社会经济发展而变化，在我国新的历史时期，乡村旅游承担着乡村经济发展、解决就业、自然文化资源保护开发、乡村振兴等重要的功能。因此在新形势下，乡村旅游具有休闲农业、生态观光、乡村振兴、文化为根等突出理念。

二、乡村文化和旅游理念协同的原则

理念是文化的精髓和对文化的深入解读。乡村旅游以深度挖掘和保护民族文化为核心，以发展风情乡村游为目标。乡村文化旅游主要就是感受各民族独特的文化，包括传统建筑、民族服饰、饮食文化、传统手工技艺、民族歌舞等。这些民族文化都充分体现了乡村独特的文化内涵。在产业结构调整和升级背景下，推动乡村文化与旅游的协同具有重要的现实意义，而理念融合是实现二者实质性、内涵式、深度和全面协同的基础和关键所在。乡村文化和旅游理念协同的思想基础或协同发展的理念有以下几个方面。

（一）共生原则

乡村文化和旅游形成于乡村这个特定的区域内，乡村文化的蝉变和旅游的发展不仅共生于乡村特定的地域，同时根源于乡村居民的历史创造。文化是旅游的关键要素，旅游是文化的一种现象，二者共生共荣。文化与旅游犹如一块硬币的两个面，本质上是一个不可分割的有机整体。

乡村文化和旅游的共生性告诉我们二者本身是融为一体的，其在现阶段的理念融合也是天然所成，将二者进行融合其实是对这种共生性的回归。所以将乡村文化和旅游进行理念协同似乎是无中生有、多此一举，但在现实中，乡村文化与旅游却被当成两种存在物而加以对待，导致二者渐行渐远，文化被曲解，旅游则无根。那么在文化与旅游割裂的现实情况下，借助于文化和旅游而进行的乡村振兴的新的历史时期，如何使乡村文化和旅游之关系回归本位呢？乡村文化和旅游的深入互动协同是将二者关系重新拨正，回归本真的关键，而共生性正是理念融合的内在基础。

（二）共赢原则

乡村文化挖掘、保护、传承和旅游开发都是为了适应我国文化繁荣和经济发展的需要。在现阶段，维持原有的乡村结构已不能为文化保护提供持续的动力机制，需要通过乡村旅游来推动文化挖掘、保护和传承。文化保护与旅游协同，面向市场，通过科学规划与生产性开发，将文化资源转化为现实的产业经济。同时，通过对乡村旅游重新植入文化之魂，提升旅游活动的品质，实现乡村文化保护开发的社会效益和旅游经济效益的共赢。

1. 乡村文化推动旅游发展

乡村文化是重要的旅游资源，诸如民居、农事活动、传统音乐、舞蹈，传统手工技艺、民俗节庆等都是乡村旅游的核心吸引物。文化是旅游的本质属性，游客除了欣赏乡村自然风光外，还渴望体验原生态的乡村文化。乡村文化的重新融入和归位，为乡村旅游植入了灵魂，借此提升和丰富旅游的品位和内涵，促进乡村经济发展。因此，在乡村旅游开发中，要积极发挥其文化资源生产力的作用，增加文化旅游项目，以提升旅游的价值体验。如在墨戎苗寨的旅游实践中，将苗族巫傩绝技、苗族鼓舞、苗族民歌加入乡村旅游活动中，增强了旅游的互动性，游客的体验感加强。

2. 旅游带动乡村文化繁荣

（1）恢复乡村文化传承空间。乡村文化遗产传承的根基在农村。然而，随着城镇化进程的不断推进，传统村落的数量正逐年减少，村落空间承载的历史与文化也正在急剧消失。尤其在我国西部地区，由于贫困人口众多，大量人口外流造成空心村现象更加严重，直接导致乡村文化失去了生存土壤和传承空间，传承链条断裂。有数据显示，从2000年到2010年，全国减少自然村寨90万个。为了更好地保护传统村落，从2012年到2016年，住建部等七部门陆续公布了五批中国传统村落名录，总计3796个。依托于这些传统村落开展的乡村旅游，为乡村文化保护提供有力的保障。

乡村文化生境和依托空间的衰落甚至丧失是我国乡村文化保护传承的重要制约因素，而旅游开发为文化找到了适合现代社会发展的生存空间和传承的动力。乡村旅游发展以整个村落的文化、自然环境和居民的日常生产生活为依据，通过整合创意而成为整体性的旅游目的地。从而起到恢复乡村文化保护传承空间，重新唤醒乡村文化的价值，促进乡村文化繁荣。同时，通过旅游开发，越来越多的人投入到乡村文化保护和传承的工作当中去，促进了传统乡村聚落的有效保护和文化传承。如我国有许多地区建成了民俗文化依托型乡村旅游景区，实现了对已破坏的乡村文化生境的修复和再现。

（2）促进乡村文化实现生产性保护。文化是动态的，是不断发展的。随着乡村旅游活动的开展，被开发利用的文化项目获得了新的生命力，从而得以传承延续和发展。乡村旅游开发，促进乡村文化及其价值得到进一步挖掘。另外，对传统手工技艺、民俗、舞蹈、音乐等“非物质文化遗产”的利用，能够丰富旅游产品及其文化内涵，增加游客的体验感，有利于民族文化的传承和发展。

（3）增强民众的文化保护自觉性。文化的旅游生产性保护开发，为村民带来了看得见的经济收益，从而使村民的主体角色价值得到了提升和体现。乡村旅游给村民展现自己文化的机会，他们可以通过文化展示以及游客的积极反馈，发现自己文化的价值，从而增强文化自信心。而随着文化自觉性的增强，村民会主动选择自己认为有价值的文化进行展示，实现经济收益，进一步提升文化认同感，吸引更多的人投入到文化保护中来。游客通过旅游能够深切地体会到丰富多彩的民族文化，可以从“特意安排”的文化情境中获得更多的感观和心理体验，由此，可以扩大乡村文化的影响，扩大受众面，为文化的保护和传承建立更加广泛的群众基础。

（三）共享原则

乡村文化保护开发和旅游发展应体现共享原则，因为旅游开发中的共享原则，关系到乡村经济发展和社会经济结构变迁，更关系到乡村文化的保护和传承。借助于乡村文化的旅游开发主要涉及村民、政府、开发运营企业、游客等利益主体，它们均有各自的利益诉求。在旅游开发中，往往过分强调旅游开发运营企业的利益，而忽视当地村民的利益；同时，游客的利益也被漠视或侵犯，旅游的文化体验很差。如利益不能共享，旅游则不能持续发展，更谈不上乡村文化的保护传承了。在共享原则下，四大利益主体在乡村旅游发展中会有意识地引导乡村社会经济结构趋于良性变迁。

共享原则的推行可以获得进一步促进乡村文化保护传承的条件。

1. 保障村民的合法权益，形成乡村文化保护传承动力源

由于村民是乡村文化主要传承者，因此保障村民的合法权益至关重要。为了更好地体现共享原则，使文化旅游开发成果共享落到实处，政府通过界定旅游资源的所有者权益、评估，包括文化旅游资源的价值、引导村民参与文化旅游发展等，以提高村民资产性和劳动性收益。

2. 提高村民的保护意识，增强文化自信与文化自觉

共享原则通过村民参与社区旅游发展战略、发展规划等决策的制定，以及从事旅游服务项目等，使他们对自身的文化价值有了重新认识，并懂得传统民族文化对旅游发展的重要作用，从而会自觉主动地保护本民族的传统文化。因此，村民通过参与相关旅游开发活动对本民族文化的保护传承，增强了他们的民族文化自信和文化自觉。

3. 促进主客之间的良性互动，提升乡村文化的影响力

共享理念在保障旅游经营者利益的同时，使游客的利益也获得保障，基于此，游客与村民之间形成良性互动。游客将外界新的发展与健康的生活理念带到乡村，村民学到了相关文化知识，改变陋习，提升了综合素质。同时，参与到旅游当中的村民对本民族文化的亲身展示，又为游客提供亲身体验原生态乡村文化的机会，从而真正提升了游客的旅游体验质量。

（四）适度原则

虽然旅游发展为乡村文化保护提供了一个有效的平台，但乡村旅游开发中也出现了文化依存生境（居所）、民俗文化原真性（过度舞台化和商品化）、村民生活生产传统仪式等方面的丧失，导致乡村文化快速变迁，给乡村文化保护传承带来了巨大的挑战。因此，正确对待和处理乡村文化保护和旅游之间的互动关系，做到适度协同，对于乡村文化旅游的可持续发展具有重要的意义。

1. 适度协同的内涵

适度协同是对乡村文化旅游开发的一种规制，其内涵是对传统文化价值做出商业性认可和评估的适度再生产，是培育文化价值、文化认同和文化消费的重要内容，是扩展文化传承空间的重要机制，是实现乡村文化繁荣和旅游发展这两个目标的共同追求。适度协同以生产性保护和活态传承为实施基础，尊重、鼓励和促进具有商业潜力的文化进行开发利用，将文化保护和乡村旅游置于可持续发展的核心理念中，把村落打造成经济、人文、民生的共同体。

乡村文化体验是乡村旅游活动的重要内容，乡村旅游的可持续发展离不开乡村文化的支撑。而村民是乡村建设、文化保护的主体，文化传承形成的文化自信和文化自觉，以及乡村旅游发展带来的既得利益，为实现新形势下乡村文化保护与乡村旅游的适度协同带来了更多可行性。

2. 适度协同的现实依据

目前，我国乡村旅游发展还处于初级阶段，很多地方发展乡村旅游只是为了追求经济效益，而不是为了实现社会、经济、文化的全面发展，乡村文化与旅游之间的协同存在失度现象：其一是对保持文化原真性的过度谨慎，其二是对经济利益的过度追求。在我国文化保护、乡村旅游和精准扶贫等政策实施的当下，乡村文化旅游开发具有生产导向性和消费导向性，由此造成文化保护和旅游经济发展的话语机制是不平等的，传统文化保护和商业目标成为两个矛盾性因素，乡村文化的保护极有可能沦为一种口号和开发的理由，这必然引起乡村文化资源的滥用和资源的无序开发，造成对乡村文化内涵的曲解及原真性消失的问题。同时，旅游开发针对的是具有旅游吸引力和利用价值的文化遗产，一些没有显现价值的但是很优秀的民族文化被遗忘，长此以往，经济目标至上的商业观念无形之中就会淘汰这些“没有用”的文化，它们也就慢慢淡出和消亡在历史的长河中。

但是，文化保护传承也要顺应时代和环境的变化，要自然地融入村民的日常生活中去，让他们成为传统文化的践行者和宣传者。另外，乡村文化保护要积极地与旅游需求寻求适度协同，以适应民族文化保护与当地经济发展的新形势，以及游客对原生态的乡村文化的追求。因此，在这种背景下，要把乡村文化保护放在首位，在保护传统文化原真性的前提下，对乡村文化进行适度旅游开发。

（1）文化保护传承需要适度协同。乡村文化作为旅游吸引物为区域经济发展注入了活力，其中保持文化原真性是寻求持续发展的关键因素。如前所述，相对于经济发展，乡村文化保护往往处于弱势，势必会出现破坏性的行为，造成“开发性破坏”。这是由商业行为的本性所决定的，追求开发利益最大化就要高度迎合游客的需求，而这往往会歪曲文化的内涵，造成文化失真。因此，在乡村文化融入旅游过程中，就需要把握好开发利用的“度”，在保持文化本真性的基础上，对其进行保护性开发，推动乡村文化的传承发展。

（2）提升旅游产品品质需要适度协同。乡村文化以其原生态性而成为乡村旅游发展的核心资源，决定着乡村旅游产品的品质，进而决定着乡村旅游发展的方向和深度。而适度协同能很好地保持乡村文化的原真性，能吸引游客积极参与和互动，以满足游客对乡村文化体验的心理需求，提高其旅游质量。因此，基于对乡村文化挖掘、提炼和展示，适度协同可以丰富和提升旅游产品的文化内涵和品质。

（3）促进乡村旅游可持续发展需要适度协同。乡村文化和旅游的适度协同，因保持了文化的原真性，使村民能够自然真切地感知自己曾经熟悉的环境、生产、生活和习俗等，倍感亲切而乐于参与。游客因体验到这种乡村原生态性的文化及村民友好的态度而满足。如果文化内涵长期处于失真状态，村民因生活在其中而失去心里的归属感，同时，游客的认可度降低，进而影响旅游地的吸引力和收益下降。因此，乡村文化的旅游开发不能以追求经济利益为唯一目标而进行过度开发，要从长计议寻求实现可持续发展，即寻求乡村文化保护与旅游开发的良性互动和适度协同。这对于现阶段我国贫困人口众多、有丰富且独特乡村文化资源的西部地区乡村有重大的现实意义。

（五）“五大理念”原则

保持乡村文化多样性、原真性等文化理念，与“绿水青山就是金山银山”“以文化为根”等乡村旅游发展理念具有高度的契合性。习近平总书记关于“绿水青山就是金山银山”的重要论述，已经成为全国各地推进乡村旅游发展的重要共识。此外，文旅协同也是乡村旅游发展的普遍规律，越来越多的地区通过挖掘当地特色文化来推进乡村旅游繁荣发展。这些发展乡村旅游的经典案例中蕴含的“生态为先”“深挖文化”等理念已经逐渐深入我国乡村振兴的战略中。

乡村旅游能够最大限度地保留人与自然和谐相处，守护人们在乡村的精神家园，能够“不砍树、不占田、不拆房”地实现村民就地脱贫致富，与十八届五中全会提出的“创新、协调、绿色、开放、共享”五大发展理念存在深度契合。五大理念是改革开放30多年经验和我国经济社会发展规律得出的智慧结晶，是实现“十三五”规划乃至更长时期内发展目标的指导性思想理念，是行动和实践的先导，必须坚持用五大理念引领乡村文化的旅游开发，才能破解乡村旅游发展难题、凸显乡村旅游发展优势、增强乡村旅游发展动力。

1. 创新是驱动乡村文旅协同的动力之源

乡村文化保护传承和旅游的发展要靠创新来推动，涵盖开发理念、经营模式、市场业态和政策管理机制等方面的改革和创新。第一，在开发理念上要打破传统的经济效益导向和城镇化导向定势思维，大力推行休闲旅游、生态旅游、低碳旅游、全域旅游等新型旅游开发理念，强化乡村旅游在保护文化和环境、降低能耗、促进产业升级、重视人文关怀等方面的优势。第二，在经营模式上要激发多元化市场主体的活力，实现从政府主导、村民自主的分散经营模式向政府—企业—村民多方参与，独资、合资、合作、混合所有制等多种经营模式共存的内生性发展模式转变。第三，在商业形态上要实现从农家乐、果蔬采摘等初级业态形式向第一、二、三全产业链延伸并深耕细作，挖掘乡村民风民俗文化内涵，适应和引领时代需求，发展野地露营、自驾观光、休闲农庄、养生田园、健康养老等高级业态。第四，在政策管理机制上要注重政策引导和倾斜，推动所有权、承包权和经营权三权分离，完善四级行政管理体系、多部门联动体系和行业自律协会体系三位一体的“大体制”建设，并加快建立乡村旅游行业规范标准，降低行业准入门槛，加强投融资渠道和平台建设。

2. 协调是统筹乡村文旅协同的重要法宝

依托乡村文化发展旅游是解决“三农”问题、推进新型城镇化和建设美丽乡村的重要方面，纵览乡村旅游全局必须做好规划布局、资源要素、多方利益、开发和保护的协调工作。在规划布局的协调上，要优化村庄建设和农村用地规划的编制，既顺应自然规律和社会发展的需求，又尊重历史传承和文化异质性；在资源要素的协调上，要促进土地、资金、人才等生产要素的自由流动和内在协调，聚合多方资源并使之发挥综合作用；在多方利益的协调上，要协调和处理好政府、游客、投资经营者和村民等群体之间的利益关系，政府要着重完善乡村旅游基础配套设施和保障体制建设，不同部门之间要探索建立多头统筹和协调机制，实现政府、社会组织、个体三级联动，积极促进多方主体的交流合作；同时，要协调和处理好乡村文化旅游资源开发和保护的关系、城镇化建设和乡村保护的关系，在改造建设中，不能大搞推倒重建，要注重乡土原真风味和整体风貌的保留，保护和发展“从自然中生长出来”的建筑，建设空间形态和自然风貌相协调的生态社区，塑造人居和谐、特色鲜明的美丽乡村。

3. 绿色是把握乡村文旅协同精髓的根本要义

不同于人工痕迹明显的城市空间环境特质，乡村旅游由于提供了一种“久在樊笼里，复得返自然”的解压方式，受到越来越多的追捧和青睐。绿色包含绿色环境、绿色建筑、绿色产业、绿色生活等方方面面，绿色发展倡导低碳、环保和高效，强调取之自然、融入自然，与自然对话，与文化对话，其本质是一种天人合一的发展模式。乡村文化旅游与其他旅游形态的不同之处还在于乡村旅游所蕴含的乡愁情结。人类在本质上是自然的产物，在灵魂深处对回归大地和自然的向往已经深深融入骨髓，而乡村正是在人类数千年文明史长河中逐渐形成的人与自然和谐相处的典范形式，民风民俗和乡村景观建筑都是人与自然共同进化和相互影响的产物，是人类文明史的活化石，是城市发展进步的“根”。乡村旅游的精髓便是留住这种绿色原真的“乡愁”和“稻花香里说丰年，听取蛙声一片”的泥土情结。

银川市贺兰县常信乡四十里店稻渔空间一景（张绍慧 / 摄）

4. 开放是促进乡村文旅繁荣的必由之路

乡村旅游的发展应当是开放和包容的。一方面，乡村旅游的产业分工要实现全产业链式的包容性发展。李克强总理评价旅游不仅是服务业，而且是覆盖一、二、三产业的综合性产业。乡村旅游的发展应该是全产业链发展，应该积极探索一、二、三产业的融汇整合、产业链条的分工协作、市场的深度细分和产业链延伸，挖掘上游和下游的拓展空间。另一方面，乡村旅游的空间要实现全域式和免门票式开放发展。与传统旅游景区相比，乡村旅游应当是无边界的，全域处处是景区；旅游收费应当是无门票的，收入来自游客的购物、休闲和体验消费等途径。同时，乡村旅游的市场也应当是开放和包容的，允许经营模式、经营业态、经营主体、投资主体的多元化共生。为此，必须加快开放土地流转、明确用地标准和建立乡村旅游行业规范，调动多方力量、各种资源共同服务于乡村旅游的发展。

5. 共享是实现乡村旅游价值的本质要求

实现发展成果共享，惠及民生和促进扶贫脱贫事业是乡村旅游发展的本质要求和价值归宿。乡村发展和城市发展应当是并重的，要改变农村服务城市、城市反哺农村，使乡村成为与城市平行的空间；改变乡村封闭独立、第一产业占主导的单一形态，将乡村发展成具备健康养老、生态休闲等功能的培训教育和示范基地，使投资经营商、村民和游客和谐相处，成为社会大众不分彼此、共建共享的家园。此外，村民不必迁徙或进城打工就能够实现在家门口奔小康，将“空心村”变成“旅游村”，缓解留守儿童和空巢老人等社会问题，留住乡村文化存在的空间，则是乡村旅游的特殊价值和意义所在。因此，在乡村旅游的发展过程中要注重旅游扶贫并促进精准扶贫，出台相关的政策保障和优惠措施，支持乡村和社会资本合作，带动村民返乡建设美丽家园，就地实现创业和就业，促进村民经济效益共享和乡村生活品质提升，让乡村旅游成为乡村发展和村民脱贫致富的广阔平台。

第二节 乡村文化和旅游的职能（功能）协同

一、乡村文化和旅游的功能内涵

（一）乡村文化的功能

文化因其具备为人们提供服务的特定功能而受到关注。英国人类学家布罗尼斯拉夫·马林诺夫斯基（Bronislaw Malinowski）认为，世界各地的人都享有某些共同的生理和心理需求，所有文化建制的终极功能都是满足这些需求。文化必须使社会成员具备产出和分配生活所必需的物品与服务的策略。为了确保群体的持续存在，文化还必须具备繁殖和相互扶持所必需的社会结构。此外，文化必须提供传递知识、濡化新成员的方法和手段，让他们能够作为功能完善的成年人贡献社群。不仅如此，文化必须促进社会互动，提供方法以规避或解决群体内部以及群体与外来者的冲突。总之，文化是社会或者民族分野的标志，文化在社会成员及与环境的互动过程中，起到了知识继承、对人教化、民族心理塑造、社会规范系统化、社会整合的基础等功能。

乡村文化是村民在农业生产与生活实践中逐步形成并发展起来的道德情感、社会心理、风俗习惯、行为方式、理想追求等，表现为民俗民风、物质生活与行动章法等，并以言传身教、潜移默化的方式影响人们，反映了村民的处世原则、人生理想以及对社会的认知模式等，是村民生活的主要组成部分，也是村民赖以生存的精神依托和意义所在。

1. 乡村文化的社会治理功能

乡村文化是乡村社会建设的重要内容，也是乡村社会治理的基本工具。在乡村社会治理中，乡村文化因其恪守的修养、规矩、伦理等核心观念，而具有凝聚村民价值共识、化解乡村社会矛盾、规范村民行为、维护乡村秩序、构建村民精神家园等社会治理功能。随着乡村社会的变迁，乡村文化的社会治理功能正在弱化，表现在民间信仰的衰落、家族宗族影响的弱化、村规民约的失范和乡贤人才的流失等。必须大力加强乡村文化建设，积极传播当代价值观念，培育现代公民；打造有价值的乡村文化品牌，努力展示乡村文化的独特魅力；增强乡村文化公共产品的制度供给；加快乡村文化的现代转型，从而促进乡村社会治理走向善治。

2. 乡村文化的环境保护功能

乡村文化是依托区域自然，融入村民智慧而创造的物质、精神和制度等文化，其与乡村自然界的资源环境归属于血肉关系。本质上，乡村文化是人与自然和谐互动的产物，因此，源于乡村的乡村文化具有生态环境保护的天然功能。同时，乡村性、生态性、绿色化的环境本底也是乡村文化存在的根基，是呈现和保护传统村落景观、历史遗址遗迹、非物质文化遗产等乡村文化的重要依据。基于中共中央、国务院印发的《国家新型城镇化规划（2014—2020年）》和《乡村振兴战略规划（2018—2022年）》中，生态文明、延续乡愁、城乡统筹等的乡村文化建设是前提和基础，对于建设生态、宜居、绿色、特色、集约的新乡村具有重要的价值功能。

3. 乡村文化的经济发展功能

党的十九大报告提出，要实施以“产业兴旺、生态宜居、乡风文明、治理有效、生活富裕”为目标的乡村振兴战略。乡村振兴战略的提出和实施，对于如何推动农业农村全面持续健康发展具有重大而深远的意义。文化是生产力，文化产业作为极具发展潜力的产业之一，已成为我国经济增长、产业升级的重要推动力量。中国传统文化的根在乡村，依托乡村文化资源发展的乡村文化产业也是我国文化产业的重要构成部分，其发展日益受到重视。广大乡村地区蕴藏着丰富的物质和精神文化资源，涵盖了村落建筑、民间手工艺品、歌舞演艺、传统节庆等多个方面，为发展乡村文化产业奠定了文化资源基础。随着经济社会快速发展和全球化进程的加快，人们对回归传统、重返乡土的渴望愈加强烈，曾被认为是落后的、边缘的乡村文化重新受到了人们的关注和认可，乡村文化旅游产业逐渐兴起，并获得了迅速发展。当前乡村文化产业的总量和规模较小，市场化程度较低，对乡村文化产业的理论研究和实践分析还有待进一步丰富完善。

4. 乡村文化的教育功能

乡村文化积淀着中华民族优秀的传统文化，是中华民族发展壮大的丰厚滋养。乡村地区丰富的文化资源是现代公民教育体系中最为重要的资源。村民融入其中的日常生产生活，即可以践行和传承如“贤孝”等传统文化，又可以培养村民的现代公民意识。通过研学等新兴教育方式，促使各级各类学生与乡村文化深刻接触和亲身感知，培养学生的文化素养和爱国情怀。因此，现阶段我们要传承和创新乡土文化，发挥乡村文化培育现代公民的政治素养和人文素养的重要功能。

（二）乡村旅游的功能

乡村旅游具有促进经济、环境、社会和文化发展的多方面功能。

1. 乡村旅游的休闲功能

休闲是指从文化环境和物质环境的外在压力中解脱出来的一种相对自由的生活，它使个体能够以自己所喜爱的、感到有价值的生活方式，在内心之爱的驱动下行动，并为信仰提供一个基础。乡村的自然性、生态性、乡土性成为游客逃离城市，摆脱各种压力的首选之地，通过体验乡村的自然、文化的原生态性及慢节奏，能使人们真正感知到一种和谐、畅爽、健康、美丽、愉悦的现实存在和心理状态。因此，通过乡村旅游，能真正让人们在自己的闲暇时间内，达到个人追求自主的价值取向的目的，这是休闲的本质要求。

2. 乡村旅游的经济功能

乡村旅游业是一种高度综合性的产业，通过带动、拓展、深化乡村产业链条，不仅促进了乡村产业结构的优化升级，使农民增收和经济得到全面发展，而且促进了乡村地区的经济发展，从而缩小了城乡之间的差距，对解决我国“三农”问题，实现乡村脱贫和全面振兴具有重大的现实意义。深度挖掘乡村产业要素及功能，科学制定乡村旅游规划，创新政策以有效推进以乡村文化为核心要素的产业发展和重构，是现阶段做好乡村旅游经济的关键。

3. 乡村旅游的文化保护功能

乡村文化是乡村旅游发展的根本所在，丰富而特色的乡村文化对于旅游发展弥足珍贵。因此，乡村旅游的成功发展，其一，使民众能充分认识到乡村文化的价值，树立文化自信和文化自觉，积极地参与到乡村文化保护和传承当中；其二，乡村旅游的经济产出为乡村文化的保护传承提供了新的资金来源。因此，通过乡村旅游，建设民俗文化村，举办民俗文化节，使人们能够更全面地了解乡村社会文化和民俗风情，起到保护传承中国传统文化的作用。

4. 乡村旅游的环境保护功能

乡村旅游是以乡村良好的生态环境为依据的，清新的空气、清澈的水流、良好的生态系统、绿色食品和整洁的人居环境等都是游客关注乡村旅游的主要因素。乡村旅游的发展可以从根本上推进乡村的整体生态环境的改善。因此，我们要充分利用现阶段新农村建设和乡村旅游发展的有利时机，积极推进乡村“水田林湖草”环境治理工程，建设“宜居、宜业、宜游”的美丽新乡村。

5. 乡村旅游的教育功能

旅游因阅历、见识、体验、学习、互动、探险等过程而具有教育功能，“读万卷书，行万里路”正是旅游教育功能的一种形象描述。乡村旅游因资源丰富、类型多样、特色鲜明，是进行思想、知识、文化等多种教育的理想课堂。通过体验乡村生活、品尝乡村野味、参加农业劳动等活动，把思想政治教育、民俗文化教育、情感意志教育、生态环境教育融入这种生动活泼、润物无声、喜闻乐见的乡村旅游活动中来，可以充分发挥乡村体验教育的优势。乡村旅游对村民也同样有教育意义，通过与游客的接触和互动，村民可以开阔视野，接收先进的思想观念，以更新陈旧的思想观念而成为现代公民。深入挖掘乡村旅游的教育元素，促进乡村旅游与教育充分融合，并重视游客与村民之间的良性互动，发挥乡村旅游的教育功能。

二、乡村文化和旅游功能协同的意义和要素

乡村文化和旅游的功能有高度的一致性，它们都具有的经济功能、环境功能、教育功能、休闲和陶冶情操功能等，成为二者协同发展的基础，可以说是天然所成，共同实现的。

（一）乡村文化和旅游功能协同的意义

1. 乡村文化振兴的重要途径

乡村文化事业是以传统和现代乡村文化繁荣为目标的，而乡村旅游发展则是以乡村田园风光、农事活动、风俗风情、民间工艺、生活方式等传统和

现代文化为载体的，乡村文化事业的有力推进为乡村旅游的发展提供了更加多样、内涵丰富的特色文化资源，而乡村旅游的发展则对乡村文化宣传、传播、生根发芽起到了关键作用，是乡村文化保护和传承的有效方式。因此，二者的功能融合对于促进乡村文化繁荣具有重大的现实意义，应该发挥乡村文化和旅游功能协同在乡村文化振兴中的主导地位。

2. 乡村环境治理的重要推力

环境既是文化存在的载体，也是旅游发展的载体。乡村文化依托于乡村的生态、民居、工程、设施等，保护和传承首先是对这些文化载体的保护，乡村的衰败也首先表现在这些方面。而乡村环境的优劣直接决定着乡村旅游目的地的总体品质，是乡村旅游发展的关键影响因素。因此，乡村文化和乡村旅游的功能协同，既为乡村环境治理提供了机会，也为乡村环境改善和保护注入了新的活力。

3. 乡村脱贫致富的有力保障

“三农”问题是我国现阶段经济社会发展的重大问题，新时代实施的乡村振兴战略为乡村解决“三农”问题提供了新的机遇。文化振兴是乡村振兴的基础和核心，文化的复兴既可以为乡村经济发展注入新的生产要素，更是更新村民观念、形成现代公民意识的核心要素。而乡村旅游的发展对于实现农民增收、脱贫致富等发挥重要作用。乡村旅游的发展为游客提供多样化、个性化的旅游产品和乡村生活，从而促进乡村旅游的消费，为村民增收创造更多的机会。

4. 美好生活的回归和创造

随着社会经济的发展，人们的生活和消费水平不断增长，文化和旅游消费逐渐成为人们重要的生活方式。乡村文化和乡村旅游创造了一种生活方式，是改善“不平衡和不充分发展”，满足人民“生活需要”的重要途径。乡村文化和旅游功能的协同发展应通过优化乡村生活环境，丰富乡村生活用品，扩大乡村生活空间，提高乡村生活质量，在创造美好生活中发挥主导作用。

（二）乡村文化和旅游功能协同的关键因素

1. 机构职能整合

乡村文化和旅游功能的实现是由相关机构推动完成的。按照传统的划分和归属，乡村文化发展主要由各级文化生产、服务和管理机构去实施，主要包括从事艺术、图书馆、档案馆、群众文化、文物保护、艺术教育、艺术研究、文化娱乐、新闻出版以及其他文化机构。而乡村旅游则由各级旅游产品生产、服务和管理机构去实施，主要包括从事旅游产品设计生产、旅游景区、旅游饭店、旅行社、旅游交通、旅游购物、旅游管理等机构。虽然新的机构改革，使得乡村文化和旅游发展统一归属于文化和旅游部去统筹协调管理，但由于根深蒂固的历史影响，文化和旅游的完全整合主要是形式上的机构整合，现实上的职能归属和整合是不到位的，这从根本上决定着文化和旅游功能的协同问题。因此，要在明确文化和旅游部主要职责的基础上，进一步推进乡村文化和旅游传统机构的职能整合，进行职能配置和人员编制，以推动乡村文化和旅游功能的真正协同。

2. 功能重点把握

乡村文化和旅游在乡村社会经济发展过程中虽然有类似的经济、环境及社会功能，但各自的核心功能是有差异和区别的。现阶段，乡村文化的核心功能在于通过多种方式呈现以影响大众的思想观念，塑造现代公民。而乡村旅游的核心功能在于通过产业融合等带动村民脱贫致富，以推动乡村经济振兴。所以，在进行功能协同时，要通过制度政策设计，协调乡村文化和旅游的核心功能达到平衡，以实现塑造现代乡村公民和发展乡村经济共赢局面。

3. 资源要素共享

乡村文化和旅游功能协同的实施，最后要落到推动二者发展的一些重要的资源要素上来。因此，诸如资金、人力、技术、设施等资源要素要进行互通互济，实现共享，以真正落实乡村文化和旅游的功能协同，推动乡村社会经济全面发展。

第三节　乡村文化和旅游的产业协同

一、乡村文化和旅游产业的内涵

（一）乡村文化产业内涵

1. 乡村文化产业概念

根据联合国教科文组织的定义，文化产业是指“按照工业标准生产、再生产、储存以及分配文化产品和服务的一系列活动”。我国对文化产业的界定是：为社会公众提供文化、娱乐产品和服务的活动，以及与这些活动有关联的活动的集合。一般包括：新闻服务，出版发行和版权服务，广播、电视、电影服务，文化艺术服务，网络文化服务，文化休闲娱乐服务，文化用品、设备及相关文化产品服务，其他文化服务等。

乡村文化产业是指整合利用乡村历史、地理、风土人情、传统习俗、生产生活方式、文学艺术、行为规范、思维方式、价值观念等文化资源，而从事文化产品生产和文化服务等经营性活动，以满足多样化、多层次的精神需求并获得经济收益。主要包括媒体信息业、表演艺术业、娱乐健身业、工艺美术业、文化旅游业、群众文化业等。

2. 乡村文化产业的特点

（1）层次性。乡村文化产业具有基础层（地方文化资源）、核心产业层（地方文化产品）和延伸产业层（如民族服饰设计中蕴含的时尚文化）三个基本层次。

（2）创造性。乡村文化产业及产品所承载的内容凝结了村民的创造性劳动并随着社会经济发展而不断深化与提升。

（3）流通性。乡村文化产品具有商业性，可通过市场送到消费者手中。

（4）可复制性。乡村文化产业可以按照一定标准来组织生产一系列文化产品，确保公众享受到符合公众要求的高质量文化产品及其服务。

3. 乡村文化产业的独特属性

乡村文化产业既具有大文化产业所具有的普遍属性，又具有其独特属性。首先，乡村文化产业的载体是农业，主体是农民，阵地在农村，市场在城乡；其次，乡村文化产品重点体现乡土特质和区域特色，以具有地方历史文化特色的文艺演出、民间工艺、农业生态、自然生态、生活体验等为主要内容；再次，乡村文化产业创造的文化生产力来自乡村，又进一步促进乡村发展；最后，乡村文化产业具有市场化的特点，必须遵循市场经济规律。

（二）乡村旅游产业内涵

1. 乡村旅游产业概念

旅游产业是以旅游资源为凭借、以旅游设施为条件，向游客提供旅行游览服务的行业。

乡村旅游产业是凭借乡村旅游资源和设施，专门或者主要从事招徕、接待游客、为其提供交通、游览、住宿、餐饮、购物、文娱、健康等环节的综合性行业。

2. 乡村旅游产业的特征

乡村旅游业是凭借乡村田园风光、历史古迹、民族习俗、建设成就等旅游资源，利用旅游设施，提供食、住、行、游、购、娱的劳务活动，去满足游客旅游消费的需要。其具有以下特征。

（1）依赖性。乡村旅游产业是依托于乡村独特的旅游资源和设施而向游客提供旅行游览服务的，所以，乡村旅游资源的禀赋和设施情况对乡村旅游产业的发展具有基础性的制约作用。

（2）综合性。乡村旅游产业为游客提供的食、住、行、游、购、娱等服务，需要第一、二、三产业的发展做保障，因此，乡村旅游产业具有综合性的特征，其发展可以带动其他相关产业的发展，对于优化乡村产业结构具有很好的促进作用。

（3）季节性。乡村传统产业方式（农业生产）的季节性决定了乡村的田园风光、农事活动、生活情景等都具有较为明显的季节性，以这些资源为凭借发展的乡村旅游产业亦具有季节性。

（4）文化性。文化是乡村旅游的核心要素，其产业发展与文化的联系和融合非常密切，决定了其产业形式、产品类型、活动内容等都带有乡村文化的烙印。

乡村旅游产业除具有以上特点以外，还具有脆弱性、波动性、涉外性等特征，属于资金密集型和劳动密集型产业。

3. 乡村旅游产业的类型

在我国旅游业有狭义和广义之分，狭义的旅游产业主要指旅行社、旅游饭店、旅游车船公司以及专门从事旅游商品买卖的旅游商业等行业。广义的旅游产业，除专门从事旅游业务的部门以外，还包括与旅游相关的各行各业。旅游活动往往是把物质生活消费和文化生活消费有机地结合起来的，因此，旅游产业往往是以广义的界定为准。

乡村旅游产业涉及第一、二、三产业的多种类型，有第一产业的休闲农业、休闲林业、休闲渔业、休闲畜牧业等，第二产业的食品加工业、建筑业、制造业等，第三产业的休闲度假、健康疗养、文化娱乐、餐饮住宿等。

二、乡村文化和旅游产业协同的理论

在经济发展新常态的背景下，乡村旅游产业结构的优化升级，在立足于地区生产实际和产业特色基础上，不仅要与第一、二产业融合，更要与第三产业内其他现代服务业协同发展，尤其要与文化产业进行深度协同。乡村文化元素及其文化产业的高度融入，一是可以提升地区旅游产品的品质和特色，避免产品同质化的市场不良竞争；二是可以真正推动产业结构的优化升级。因此，要积极探寻乡村文化和旅游产业协同发展的有效方式，推动乡村旅游产业结构优化升级。

（一）乡村文化和旅游产业协同的内涵

1. 乡村文化和旅游产业协同的概念

产业融合是指不同产业或同一产业不同行业彼此合作，产业同构，最终合并为一体，逐步形成新产业的动态发展过程。所以产业协同可分为产业渗透、产业交叉和产业重组三类。产业协同不仅仅是一种发展趋势，也是产业发展的一种现实选择。

乡村文化和旅游产业协同是通过乡村文化产业与旅游产业之间合并、交叉和重组而形成的产业发展方式。是现代乡村文化繁荣和旅游发展实现相互支撑、相互促进、共同发展的重要途径。

2. 乡村文化和旅游产业协同的类型

当前，我国正处于促进产业结构优化升级的重要时期，借助于文化产业和旅游产业的协同发展，是推动乡村从传统农业产业方式向各产业协同发展，实现乡村产业结构升级转型的重要内容。

乡村文化和旅游产业协同主要属于第三产业的内部协同，包括乡村文化要素和旅游要素间的提质升级与重组协同。当然，这种要素协同不可避免地要与第一、第二产业进行协同。如农耕文化旅游开发必须借助于现代农业生产而呈现，这就使得乡村文化与农业、旅游发生了交叉协同。因此，在推进乡村文化和旅游产业的协同发展中，一要重视二者要素之间的协同，二要加强与农业、工业的主动协同。

（二）乡村文化和旅游产业协同的理论基础

1. 产业链与价值链理论

产业协同是以追求规模经济及附加价值为目标的，通过价值链理论可以了解和掌握产业链上的价值所在，进而推动产业结构的优化升级，产生综合效益最大化。马勇教授将价值链和全价值链理论运用于旅游产业，得出了旅游全价值链的核心理念，之后又扩展到乡村旅游产业协同价值系统的研究中，总体表现为价值链不断解构与重构的过程。这些产业链与价值链理论对于研究乡村文化和旅游产业协同具有重要理论指导意义。

2. 产业集群理论

产业集群包括两个方向：一是经济集聚，包括横向的联系和纵向的联系；二是地理集聚，表示相关企业在空间上的互相依存。产业集群能够形成一定地域内多个产业的协同发展，各类企业间相互联结共生，通过充分高效利用产业要素而降低企业成本，获得规模经济和提高经济效益。由此可见，产业集群与产业协同相互依存，产业在空间上的集聚为产业协同和渗透提供了重要的平台和机会，而不同产业之间的持续协同又会形成新的产业集群。为满足游客需求，乡村文化和旅游企业之间依托共享产业要素而互相联结，这样就产生了乡村文化旅游产业的集聚发展。乡村文化和旅游产业集群就是产业链上的企业在乡村地域内的集聚，包含3个层次：核心层（乡村独特的资源要素）、供应层（旅游服务产业群）和辅助层（相关旅游辅助产业群），乡村文化旅游产业集群推动着产业链上的创新与重组，使整个乡村文化和旅游业的发展呈现出整体性与多样性。

3. 系统理论

系统理论是指在探究某一系统时，应从全局、整体、动态去把握系统的要素、结构、功能、环境等之间的关系。每个系统都有特定的结构和功能，乡村文化和旅游产业系统，是由引力系统、推力系统和支撑力系统等构成，而每个子系统是由各要素相互联系、相互作用而形成，系统的结构特征受环境的影响并决定着系统的功能。用系统的理论去分析乡村文化和旅游产业各系统及要素间的互动机制，可科学把握其系统演化过程，进而能更好地剖析乡村文化和旅游产业协同的过程与核心、价值理念。

4. 可持续发展理论

可持续发展的概念是在世界环境与发展委员会研究报告《我们共同的未来》中正式提出的，报告指出：可持续发展是指既满足当代人的需求，又不损害后代人满足其需要的能力的发展。可持续发展视环境—经济—社会复合系统为一个有机整体，追求经济、社会、资源、人口、环境的协调发展，以实现综合效益最大化。强调旅游业的经济地位而采取的优先发展战略，导致旅游环境承载力下降、社会文化快速变迁，基于此，可持续发展的理念逐渐引入到旅游领域。相对于传统旅游，可持续旅游更加注重旅游资源的合理开发、旅游环境与文化保护及利益相关者的各种需求，建立旅游与自然、文化和环境整体和谐的关系，从而达到区域经济、社会、环境的良性循环。乡村旅游以田园风光、原生态的文化为其核心吸引力，对其进行旅游开发首先要保持这种吸引力，走可持续发展的道路。因此，可持续发展理论是推进乡村文化和旅游产业协同发展的重要理论指导。

随着现代科学技术、现代传媒信息、现代生活方式不断进入乡村，乡村文化的核心要素——民风民俗正在发生快速变迁甚至消逝，乡村特色文化也会因民俗风情的衰落而失去独有的文化内涵。因此，在推进乡村文化和旅游产业协同时，首先，应始终坚持对地区乡村文化进行保护性开发。其次，乡村文化产业与旅游产业的融合发展，一定要按照现代产业生产要求和规律，根据旅游文化消费市场的变化，精心打造内涵本真、体验深刻的文旅产品。

三、乡村文化和旅游产业协同的动力和要素

（一）乡村文化和旅游产业协同的动力

1. 消费需求层次的提高

文化消费需求的增长和旅游需求的不断升级成为乡村文化和旅游产业协同的根本动力。乡村振兴，文化先行，文化振兴是乡村振兴的基础和主要内容。在新时代，我国公民对文化产品的关注和消费呈快速增长态势，这就要求文化产业创新产品类型、内容及呈现方式，乡村旅游的发展为文化产业发展需求提供了一种有效而便捷的途径。同时，随着旅游消费需求层次的快速提高，初级的“吃农家饭、住农家屋、干农家活”的乡村旅游活动，已经不能满足游客不断增强的对乡村文化深度体验的需求，他们希望能体验到具有乡土的、原生态的、高品质的旅游产品。为了适应旅游市场需求的新变化，乡村旅游产业的发展需要高度融入乡村文化元素，一是可以提升地区旅游产品的品质和特色，避

免产品同质化的市场不良竞争，二是可以真正推动产业结构的优化升级。以上文化和旅游市场的新变化从根本上推动了乡村文化和旅游产业的协同。因为乡村特色文化的旅游开发和融入，既繁荣了文化，也为游客创造出富有文化内涵且带有乡土风味的旅游产品。这就要求我们必须进行乡村文化和旅游的改革与创新，整合优化产业要素，推动乡村文化和旅游产业协同发展。

2. 文化和旅游企业共谋发展的意识增强

企业是乡村文化和旅游产业协同的主体，随着人们对于乡村传统文化的日益关注和对旅游产品品质的重视，为乡村文化和旅游企业的联系和共同发展提供绝佳的机会。目前，我国从事乡村文化和旅游的企业大多规模较小、市场基础较薄弱而缺乏竞争性，面对日趋复杂的市场环境和竞争压为，企业为谋求发展进行的产业内优化整合以及产业外深度合作，能够达到信息、资源、技术、人力等要素之间的渗透和共享，进而实现企业的转型升级和更广泛的协同效应。企业在不断的竞争与互动融合中逐步扩展了原有的服务范围，通过业务重组与延伸创新乡村文化旅游产业链，实现多功能服务与经营活动一体化，优化企业结构，保障乡村文化和旅游产业的协同发展。

3. 制度和技术创新能力提升

技术创新是产业协同的缘起和前提，制度及政策为产业协同提供了有力保障。技术创新加速了产业协同的速度，为产业协同提供了技术平台。伴随着大数据时代与移动互联网时代的到来，乡村文化和旅游企业利用这些新技术进行乡村文化和旅游产品的研发、设计、营销和智慧化管理等，增强了文化旅游产品的吸引力与体验性，促进了乡村经济的发展。因此，作为全新平台的技术创新正在加速乡村文化和旅游产业的协同发展。

乡村文化和旅游产业协同成为乡村振兴战略实施的重要路径，政府通过制度和政策的制定和设计能有效降低产业间的壁垒、规避风险，引导和扶持乡村文化和旅游产业协同发展。

（二）乡村文化和旅游产业的协同要素

乡村文化和旅游产业协同的要素包括：资源与功能协同，文化、品牌及情感协同，创新、资金及人才协同。各要素相互依存、相互作用，推动着乡村文化和旅游产业的协同与优化升级。

1. 资源、功能要素协同

（1）资源协同。乡村文化和旅游资源协同是产业协同的基础。乡村文化和旅游资源的价值需要通过挖掘、开发、创新、整合与管理，才能形成产品类型和功能多样、内涵丰富的市场需求产品，即实现乡村文化和旅游资源的协同价值。包括村容村貌、田园景色、农耕生产、生活起居、民俗风情等乡村文化是非常重要的旅游资源，蕴含着深厚的历史文化内涵。乡村文化与其他资源的协同，是乡村旅游产业协同的纽带和核心，必将极大提升其文化价值。乡村文化协同价值的实现大致经过价值开发（文化内涵挖掘）、价值呈现（创新规划以及新技术应用）、价值反馈（游客体验）几个阶段。资源融合是充分认识资源要素在产业链条环节的价值基础上而实现的，乡村文化旅游资源越丰富，创造这种融合价值的机会也就越多。因此，设计乡村文化旅游产品，需要深入分析和挖掘乡村文化旅游资源的特色、分布及组合条件，以认识资源价值进而确定乡村文化旅游资源开发的重点和方向。

（2）功能协同。现阶段传统乡村文化和旅游产品功能已无法满足不断升级的旅游需求，多功能协同的乡村文化旅游产品形态是发展的必然。乡村文化和旅游功能协同能发挥乡村文化和旅游产业各自优势，带动乡村振兴。乡村文化旅游产品由单一的赏乡村景、吃农家饭、干农家活向协同观光、休闲、养生、教育、娱乐、度假、文化等多种功能发展。要实现乡村旅游功能协同价值需要在发挥文化和旅游各自主导功能的基础上，发掘与拓展乡村文化旅游产品的其他功能，使这些功能得以凸显和强化，产生功能协同价值。因此，与乡村文化旅游产品生产各环节紧密相关的各种功能都应该融入完善乡村文化旅游产品体系，整合各类功能，打造乡村文化旅游多功能体验区，以功能协同来增加乡村文化旅游的内涵，形成高附加值，推动乡村文化旅游的提质增效。

2. 品牌及情感协同

（1）品牌协同。品牌是品质的体现，品牌建设能使乡村文化融入旅游发展中而拥有更大更稳定的优势和竞争力。品牌协同首先需要以文化资源为核心，提炼乡村地域的特有品质，同时综合相关旅游要素品牌，形成有机联系的整体。乡村文化旅游品牌协同价值的实现，不仅包括区域内优势文化资源品牌的协同，还包括与其他产业优势品牌的协同。乡村文化品牌要与其他资源品牌、景区品牌、农副产品生产与加工企业品牌、民宿或客栈连锁品牌等的有机协同，实现资源（公共设施、客源、信息等）共享。因此，通过品牌协同，选定差异化的核心特色，打造乡村文化旅游名片，并借助其他产业优势品牌的力量，集中规划管理，可以进一步提升乡村文化旅游的知名度。

（2）情感协同。文化旅游与人有着特别的“情感联系”，它迎合了人们潜意识中的某种精神需求。通过乡村文化旅游获得的回归田园、体验农活、感知民俗风情等一系列情感活动，是游客美好的旅游经历，从而影响着他们的旅游决策、满意度评价等。因此，乡村文化旅游产业协同需要情感的融入，情感认同使他们在体验文旅产品过程当中，享受到了愉悦。文化的本质是有温度的，与旅游协同将文化温度传递给游客，从而实现游客、旅游从业者、居民等社会成员间的情感互动和文化共鸣。游客需要的是可以寄托情感的、具有文化灵魂的旅游产品，在乡村旅游产品设计中，应充分考虑游客的情感价值因素，用心设计每一个产品，用心去做好服务的每一个环节，探索情感交流的有效方式，提供个性化与人性化服务。只有蕴含着文化情感价值的乡村旅游产品，才是真正的优质产品，才会真正得到游客的认可。

3. 创新及人才协同

（1）创新协同。创新是乡村文化振兴和旅游发展中最活跃的因素，创新的协同丰富了乡村旅游的文化内涵，给游客带来全新的享受与体验。在乡村文化振兴和旅游转型升级中唯有不断创新和发展，打造创意文化旅游产品，才能保护和传承优秀文化，满足市场需求，形成竞争优势。创新协同价值主要来源于创新思维和创新技术，创新思维是重要思想，技术创新是关键手段。乡村文化和旅游产业的协同要将创新思维渗透、延伸、贯穿到各个环节当中，立足新视角创新发展理念，采用新方法创新管理。同时，创新协同价值的实现离不开技术的驱动，离不开科技的创新。乡村文化的挖掘、整理和展示，以及旅游的信息化与智慧化建设，都需要树立创新意识，积极引进其他产业的相关技术来实现乡村文化旅游各环节的科学化、规范化、网络化，利用新技术开发设计新型文化旅游产品，全面提升乡村旅游产品的文化内涵和价值，推动乡村文化旅游的可持续发展。

（2）人才协同。创新协同需要高素质的专业人才，建设高水平的旅游人才队伍是提高乡村文化旅游竞争力的关键。解决现阶段困扰乡村文化旅游发展的专业人才匮乏问题，必须创新体制机制，建设专业化高素质的乡村文化旅游人才队伍。一要盘活乡村现有文化和旅游人才队伍，可通过加强对现有从业者的系统培训来提升他们的知识水平和业务能力，挖掘和扶持代表本地文化特色的民间艺人与能工巧匠，发挥他们的“活文化”优势；二要积极引进高素质的经营和管理人才，注入新鲜血液与创新思维。此外，还需建立健全有效激励和保障措施来维持乡村文化旅游人才体系的良好运转。

四、乡村文化和旅游产业协同的路径

乡村文化和旅游产业协同要借助于一定的产业形式来实现，其中特色景区、节庆活动、非遗产品、博物馆等产业形式或产品在促进乡村文化和旅游产业协同过程中发挥着重要的桥梁和载体作用。

（一）建立民俗文化依托型乡村旅游景区

乡村依山傍水而建的民居及生活方式，凸显了各民族的特色建筑和民俗文化，与农业景观和自然景观共同组成的景物和景观是发展乡村旅游的重要依托。构成乡村文化景观的传统民居、庙宇、祠堂、作坊、传习所、石碑、古井、道路、桥梁、戏台、古建筑、古树、古墓等，与自然生态景观的河、水、林、田、湖、草等一道形成了独特的乡村田园景观。以这些田园景观为产品载体，以乡村非物质文化遗产（地方方言、民间文学、著名人物、风物传说、传统音乐、传统舞蹈、传统戏剧、传统美术、体育竞技、传统游戏、手工技艺、医药医技、节会活动等）为产品内容，开发建设富有乡村历史文化内涵的旅游景区。可以通过旅游体验经济的本质要求在景区展现这些乡村文化，将乡村农舍、田野、生产、生活、民俗、休闲、养生系统链接，通过开展休闲娱乐、风味餐饮、农事生产、民俗活动等，打造乡村文化旅游产业链，为游客提供内涵丰富的文化旅游体验。因此，依据科学合理的文化保护和开发规划而建立的民俗文化依托型乡村旅游景区，可以很好地将乡村各种文化植入到旅游活动过程中，达到文化和旅游产业整合和互动的最优化。

固原市隆德县城关镇红崖村传统民居（展帆 / 摄）

（二）开发非物质文化遗产旅游产品

乡村非物质文化遗产（简称非遗）是指乡村文化遗产的各种实践、表演、表现形式、知识体系和技能及其有关的工具、实物、工艺品和文化场所。村民随着其所处环境，与自然界的相互关系和历史条件的不断变化使这种代代相传的非物质文化遗产得到创新，同时使他们自己具有一种文化认同感，从而促进了文化多样性和激发人类的创造力。

通过开发诸如各种材料的器具、编织、剪纸、雕塑等工艺品，组织村民进行非遗旅游产品的生产和经营，为游客提供可以持续体验和感知的文化产品形式。非遗的传承和发展，在遵守其原真性和完整性原则下，必须重视市场需求特点，通过非遗产品的生产、展示、消费等过程而唤起人们的深度关注，进而起到非遗的传承和保护。因此，非遗旅游产品的开发，既提高了游客的文化体验，实现了将民族文化资源优势转化为乡村旅游产业优势，又对非遗起到了一种生产性保护。值得关注的是，在非遗旅游产品的生产、展示和运营过程中，要汲取非遗传承人和农户的智慧，使非遗旅游产品真正“活”起来，会产生更好的文化传承和旅游发展的效果。

（三）开展乡村民族节庆旅游

民族传统节庆“更集中、更充分地展示着多彩多姿的民族习俗风尚，传承着民族的精神和文化，并以一种显性而独特的方式承载、传递着民族的传统文化艺术，是各民族多样性文化得以集中表现和传承的重要途径，具有重要的文化传承功能”。通过游客参与体验民族舞蹈、民族音乐、传统技艺、传统游戏、竞技体育、民族婚俗、农耕生产、特色美食等富有浓郁乡土气息的节庆旅游活动类型，可充分推动乡村文化和旅游产业的深入协同。基于此，民族传统文化得到了全面展示和传播，既增强了游客的文化认同和旅游体验，又强化了村民的文化自信和文化自觉，推动了乡村文化的繁荣和经济社会的全面发展。

（四）创新文化遗产呈现的展示服务

文化遗产的陈列展示可为游客提供直观了解乡村文化的一种方式。通过创新多平台以及服务方式进行乡村文化的展示。其中博物馆式的静态展示是乡村文化和旅游协同的一种常见形式，可通过现实和虚拟两种方式对乡村民俗、传统手工技艺、民族舞蹈、传统生产生活工具、历史文化、农耕文明等进行展示，开辟针对乡村文化的研学教育旅游基地等，成为综合展示乡村文化的窗口。同时，博物馆式静态展示可对各类器具、实物、手工制品等进行妥善保护。

乡村文化的静态展示要通过立体化、全方位、多形式的展示方式，配以文字、音频、视频及人员的讲解服务，帮助游客真正了解这些静态文化遗产背后更为丰富的历史文化内涵，既提升了旅游活动的质量，又加深了村民和游客对乡村文化内涵的理解，进一步提升了公众对乡村文化的保护意识，为乡村文化的传承和保护创造了良好的社会氛围。

第四节　乡村文化和旅游的市场协同

产业协同是一个动态演化的过程，产业间从开始的不相关，伴随着市场管制的放松及新技术的运用，逐步过渡到企业和市场结构出现协同，再到最终形成了产业间技术或市场间的协同，市场也逐渐稳定，产业不断创新，最终推动产业的发展。因此，市场协同其实属于产业协同的高级阶段，是产业协同经过技术协同、到产品业务协同再到市场协同一个过程。旅游产业的协同主要包括资源协同、技术协同、市场协同及功能协同四条路径。乡村文化和旅游市场协同亦是文化和旅游产业协同发展的一个阶段和重要内容，是实现产业协同的关键环节。

一、乡村文化和旅游市场的内涵

（一）乡村文化市场内涵

1. 乡村文化市场概念

文化市场是指按价值规律提供的文化艺术产品和有偿文化服务活动及其场所，是文化艺术产品生产和消费的重要载体。乡村文化市场亦是如此，是在乡村特定的区域环境下供给乡村文化艺术产品和文化服务的活动，它需具备三个条件：一是要有用于交换的乡村文化产品及活动；二是要有乡村文化产品的经营者和需求者；三是要有适宜的交换条件，如乡村旅游场所。

2. 乡村文化市场的属性

文化市场的性质是由文化商品的一般性、特殊性和文化商品交换过程中所体现的生产关系的性质决定的。乡村文化市场具有以下三个方面的属性。

（1）商品经济属性。乡村文化市场和其他专业市场一样具有商品经济的一般性，这是由文化商品的一般性决定的。这包括两层含义：文化商品具有价值、使用价值和交换价值；文化市场的运行必须符合市场经济规律。

在市场经济条件下，许多乡村文化产品需要通过市场交换才能进入消费领域，即必须使乡村文化商品化和产业化。在现行乡村振兴的背景下，乡村文化产业应以市场为导向，以提高经济效益为中心，以文化繁荣和脱贫致富为目标，以村民为创作和生产主体，采用多种生产模式，将乡村地域性的传统历史文化资源转换成为文化商品和文化服务的现代生产。

（2）意识形态属性。乡村文化市场不仅具有意识形态的一般性，而且还具有意识形态的特殊性，这是由文化商品所包含的文化内容这一特殊性决定的。包括两层含义：其一，乡村文化商品具有意识形态属性。从功能上讲，文化商品（含商品性服务）大致分知识型、引导型、审美型、休闲型等四种类型。除了纯粹的知识型产品，一般文化商品的生产、流通、消费都体现着一定的价值观念。而价值观念总是受特定的社会制度约束的。这也正是我国把文化市场作为社会主义精神文明建设重要阵地的根本原因。其二，乡村文化市场运行必须以社会效益为最高准则。文化市场的社会效益是指文化市场在运行过程中所产生的政治、思想、道德、知识、审美、娱乐以及文化积累等效果的总和，是文化商品在使用过程中获取的总收益。文化商品的使用价值就是文化商品的精神价值。优秀的文化产品，能够增长人们的科学文化知识，培养人们正确的世界观、人生观、价值观。任何时代、任何社会都非常重视精神文化的教化功能，社会主义文化生产的目的是满足人民群众的精神文化需要。

因此，在乡村文化市场工作中，必须坚持社会效益第一的原则，这是建设中国特色社会主义文化、实现乡村振兴战略的重要选择。

（3）社会制度属性。乡村文化市场是市场经济的有机组成部分，市场经济的社会制度属性决定了文化市场的社会制度属性。我国实行的社会主义市场经济体制，这一点决定了我国乡村文化市场的社会主义属性。主要包含三层含义。第一层含义，我国乡村文化市场是以国办文化为主导的文化市场。只有这样，才能保证我国文化市场的社会主义性质，才能使党的文化路线、方针、政策在乡村得到很好的贯彻。第二层含义，我国乡村文化市场是政府导向型的有序竞争的市场。一是基于市场机制的盲目性和自发性的缺陷，因此必须通过政府手段来调节。二是基于国家的整体战略目标。乡村文化市场的建设必须服从、服务于我国社会主义现代化建设的整体目标，为经济建设和改革开放提供强大的精神动力和智力支持。三是基于国际竞争中的文化安全。在全球化特别是我国已加入世贸组织的今天，这一点显得格外突出。第三层含义，乡村文化市场发展的根本目的是满足人民群众日益增长的精神文化需求，社会效益是其最高准则。

3. 乡村文化市场构成

乡村文化市场主体一般包括演出业、图书报刊业、广播影视业、娱乐业、音像业、艺术品经营业、网络文化业、文物拍卖业、文化旅游业等门类。因此，文化市场可以划分为演出市场、娱乐市场、音像市场、网络文化市场、电影市场、书报刊市场、艺术品市场、文物市场等多种类型。

（二）乡村旅游市场内涵

1. 乡村旅游市场概念

乡村旅游市场是在乡村这一特定区域内旅游需求市场和旅游供给市场的总和，反映着国家之间、国家与旅游经营者之间、旅游经营者之间、旅游经营者与游客及当地居民之间错综复杂的经济关系。乡村旅游市场的形成和发展是这些关系协调发展的必然产物。

乡村旅游市场通常是指旅游需求市场或旅游客源市场，即某一特定乡村旅游产品的经常购买者和潜在购买者。从经济学角度讲，它是旅游产品供求双方交换关系的总和。

2. 乡村旅游市场的属性

乡村旅游市场虽属一般商品市场范畴，具有商品市场的基本特征，包括旅游供给的产品及场所和旅游消费者，以及旅游经营者与消费者间的经济关系。但乡村旅游市场与一般商品市场也有明显的区别，乡村旅游市场所出售的主体不是具体的物质产品，而是以劳务为特征的旅游产品。同时，旅游供给与消费过程同步进行，具有很强的季节性。

3. 乡村旅游市场的类型

根据旅游经营需要，乡村旅游市场有多种分类方法，如按旅游消费者划分的旅游客源市场分类；按地域范围分为国际和国内旅游市场；按游客的年龄和性别特征分为老、中、青、儿童和妇女旅游市场。还可按游客的社会地位、文化程度和经济支付能力划分。按旅游活动类型分为观光、度假、会议、购物、娱乐、休闲、健康、教育、体育、文化、探险和科学考察等；按旅游接待量和地区分布划分为一级市场、二级市场和机会市场等。

旅游市场的占有率直接关系到旅游经营的效益，故在开发建设乡村旅游区及旅游经营过程中，对旅游市场的调查、划分、开拓、预测十分重要。通过对乡村旅游市场的调研可确定旅游需求的现状和变化趋势，包括估计国际、国内乡村旅游市场发展的总趋势，供需状况和竞争形势，并据此确定该地区的目标市场，进行市场规划和营销；研究影响市场变化的各种因素，使旅游经营适应不断变化的市场，达到持续吸引游客的目的。

二、乡村文化和旅游市场协同的条件和要素

（一）资源禀赋

具有特色文化和独特田园风光的乡村，由于其乡村文化产品和市场的垄断性，可以很好地通过与旅游协同发展而推动乡村振兴。因此，乡村文化资源成为协同的第一条件，乡村文化资源丰富而独特，消费者越青睐，其客源

市场的区域性越广。基于此，我们要对乡村文化资源的类型、数量、历史、内涵等进行深度挖掘和整理，通过创新开发形成特色明显、内涵丰富的乡村文旅产品，创造市场需求。

（二）区域区位

但在乡村文化不具备独特性，垄断性较差的情况下，乡村资源大多是同质化的，尤其是相对于区域性中心城市，其文化风俗、风情、风味和风物都基本是一样的，而这“四风”恰恰是乡村旅游核心竞争力的关键所在。在这种资源禀赋不具备优势的条件下，乡村文化和旅游市场的协同可能更注重于乡村的区位条件，大城市周边、经济发达地区、交通便捷地区等区位条件好的地区就成为乡村文化和旅游市场协同发展的优先选择。因此，在推进乡村文化和旅游市场的协同发展过程中，一定要重视区位对于文化资源相对匮乏、特色性不强乡村地区的硬性约束，要依据市场需求的变化，循序渐进，切不可刻意固守全域旅游的全时空思想而大规模一窝蜂地跟进，造成投资效益低下、持续性较差的市场供给。

（三）经济基础

不管是以资源优势还是以区位优势推动文化和旅游市场协同，都是以一定的经济条件为基础的，如果没有投资和消费保障，很难实现文化和旅游市场的协同发展。其一，不管是具有特色文化资源的乡村，还是具有区位优势的乡村，文旅产品开发和基础设施建设均需要大量资金投入。其二，乡村文旅产品投入到市场，要有一定消费能力的消费者，尤其是关注乡村旅游近源市场的消费能力，这与当地的经济基础有直接的关系。如乡村文化旅游市场的繁荣程度，大城市周边比小城市周边好，东部发达地区比西部欠发达地区好，反映了经济基础对于乡村文旅市场协同发展的重要性。因此，处在相对边远落后的乡村地区，文化资源的开发、基础设施的建设等需要投资作为保障，如在投资有限的情况下，对乡村文化资源的适度和梯度开发就显得非常重要。

（四）人力资源

乡村旅游是基于乡村优良的自然风光、特有的乡村农业风貌，以村民相关的风俗、风情、风物和风味等乡村文化来吸引游客的。而这些乡村文化资源的挖掘整理、旅游开发、产品创新、营销、运营和管理等都需要专业人才，所以，人力资源成为文旅市场协同的关键因素之一。通过文化和旅游等专业人才的大量工作，才能基于充分掌握和理解乡村文化内涵的基础上，根据不同市场需求特点和变化趋势，并结合大农业设计富有乡村风味的文创产品，才能实现文化和旅游市场的深度协同，推动乡村旅游发展和乡村文化的繁荣。

三、乡村文化和旅游市场协同的措施

（一）乡村文化和旅游市场协同的现状及趋势

1. 协同现状

随着我国人均可支配收入的不断提高，20世纪90年代以来乡村文化和旅游的市场协同速度加快，尤其是近年来乡村文化旅游市场规模得到快速发展。据文化和旅游部统计，在国家发布的《促进乡村旅游发展提质升级行动方案（2017年）》的影响下，2017年在国内旅游人数超过50亿人次的背景下，乡村旅游人数达25亿人次，其中文旅产业市场协同的比例也在不断提升。途牛旅游网结合乡村旅游大数据，对外发布《2017乡村旅游分析报告》显示，像安徽宏村、黑龙江雪乡、新疆图瓦等热门乡村旅游目的地，文化成为乡村旅游产业协同的主要元素，游客把能融入当地村民生活、体验文化当作参与乡村旅游的主要享受。

2. 发展趋势

随着我国居民消费水平的不断提高、交通运输等公共基础设施的日趋完善、城乡空间距离的相对缩短，初级乡村文化产品和旅游产品已不能满足大众所需，产品逐渐日趋精品化、高端化，其中文化和旅游的市场协同起到了关键作用。农家乐、民俗村、田园农庄、农业科技园、古村落、度假村等乡村特色文化旅游产品如雨后春笋般地出现在广大的乡村区域。未来在消费需求快速增长的拉动下，旅游业的文化渗透发展模式将会是乡村旅游内涵式发展的重要趋势，文化的融入将为文化传承及乡村旅游业的深入发展注入持续动力，通过发展乡村文化旅游业着实启动乡村文化旅游消费市场，推进乡村文化旅游市场实现消费大众化、产品特色化、服务规范化、效益多元化的发展。

（二）乡村文化旅游市场协同的措施

1. 挖掘整理和创新文化旅游特色产品

乡村文化资源是市场协同的前提条件，在挖掘整理乡村文化的基础上，分析研究不同群体的消费喜好，瞄准目标群体，对乡村特色文化资源进行产品开发，实现文化资源向产品的有效转换、产品和市场的有效互动，实现文化资源的“产品化”。乡村旅游的生命力在于“乡土化”，要让游客沉浸在“有血有肉”“活的乡村”环境中，需要在饮食住宿农家化、风俗乡村化、环境生态化等的基础上创特色、提水平、优服务，让乡味更香、村味更浓。

2. 建设和充分利用信息化的营销渠道

随着我国大力发展乡村文化旅游产业，信息化、智慧化发展也逐步应用到乡村产业。乡村要紧跟时代步伐，全力建设“互联网 +”“微”营销等新营销平台，通过这些信息化手段推动文化旅游市场的协同发展。同时，要加快乡村电商的进一步发展，以拓展乡村文化旅游的产业链，并培育出宜居宜业的文化旅游特色村镇。

3. 设计和实施乡村文旅市场协同的政策制度

乡村文化旅游的市场协同发展受到文化资源禀赋或乡村区位、经济基础、专业人才等条件的限制，在现有条件下，同全域旅游一样并非任何区域都可以实施。因此，推进乡村文化和旅游市场的协同发展，必须基于现实条件来精心设计和制定相关配套政策，通过创造条件来规避区域弱势和市场风险，循序渐进地有效实施，以实现乡村文化和旅游的市场协同。

4. 规范和监督文旅市场的健康发展

在乡村文化旅游发展走向市场导向的过程中，乡村文化旅游市场进一步细化，观光游览、体育健身、疗养保健、科普教育、文化体验等多种功能的

宁夏泾源县泾河源镇冶家村电商服务站（邓娜／摄）

旅游产品成为市场热点。多元的旅游需求促使乡村旅游产品功能提升，乡村旅游市场需求旺盛、富民效果突出，被视为新时期居民休闲度假旅游消费的重要方式、促进农民增收、农业增效、文化繁荣和农村经济社会全面振兴的重要力量。

为此，国家发展改革委、文化和旅游部等13个部门联合发布的《促进乡村旅游发展提质升级行动方案（2017年）》，明确提出促进乡村旅游发展提质升级，要因地制宜，突出特色，同时要坚持产业协同，协同发展，最为重要的是，必须强化规范开发，严守生态保护红线和文化底线，以农业、农村、农民作为乡村旅游发展的基本依托，加强对乡村环境和乡村风貌的保护，保持村庄原有格局肌理和整体风貌，规范市场行为，通过发展乡村旅游带动乡村环境改善，促进农民增收、农业增效和市场繁荣，以实现乡村经济社会的可持续发展。

第五节 乡村文化和旅游的服务协同

一、乡村文化和旅游服务的内涵

（一）乡村文化服务的内涵

1. 乡村文化服务的概念

文化服务是指面向大众的公益性（公共文化服务）或收益性（商业文化服务）的文化服务体系。现今我国的乡村文化服务主要是指面向村民的生活与生产提供的一种公益性的公共文化服务，这与乡村文化与旅游协同的现实需求是不相符的，因此，乡村文化服务应关注游客的需求，最大限度地将村民与游客的文化服务需求进行有机协同，获得效益的最大化。

2. 乡村文化服务的内容

乡村文化服务包括公共文化服务和经营性文化服务。公共文化服务主要着眼于农村社会效益，以政府组织及其投入为主导，以社会力量参与为补充，以非营利性为目的，以服务和提高村民素质为目的，为乡村提供公共文化产品和服务。乡村公共文化服务体系是公共文化服务体系的重要组成部分，其直接决定一个国家的公共文化服务供给总体水平和状况。乡村公共文化服务体系是包含了广播电视、电影、出版、报刊、网络、演出、文物、图书馆以及科学研究等诸多文化领域，既是国家文化建设的有机组成部分，也是国家公共文化服务体系的一个重要组成部分。

乡村经营性文化服务是以市场经济为导向，以营利为主要目的，以商业组织的投入为主导，政府力量为补充，为消费者提供文化产品和服务。乡村经营性文化服务体系是基于公共文化服务的内容，主要考虑游客的市场需求而提供的特定文化服务。

3. 乡村文化服务的方式

公共乡村文化服务的方式与服务的内容有关，主要通过包括各级文化馆、图书馆、乡镇综合文化站、村文化室的建设、广播电视村村通、文化信息资源共享、农村电影放映和农家书屋等文化惠民工程建设运营等方式提供相应的服务内容。《国家“十三五”时期文化发展改革规划纲要》提出要重塑“新孝敬文化”“新乡贤”文化等乡风文明，还需基于村民广泛参与的文明教育等更加有效的方式来提供乡村公共文化服务。

乡村公共文化服务需要理念更新、多主体参与、产业协同、空间营造等方面的创新组合发力，才能实现《国家“十三五”时期文化发展改革规划纲要》的乡村文化复兴的目标。

（二）乡村旅游服务的内涵

1. 乡村旅游服务的概念

乡村旅游服务是指为游客的吃住行游购娱等需求而提供的相关服务。在旅游层次不断提高和消费升级的背景下，乡村旅游服务的内容不只是传统旅游需求六要素方面的服务，其中包括公共文化服务和营利性文化服务已经成为旅游服务的重要内容，基于乡村公共文化服务内容创新形成的乡村营利性文化服务，是与旅游服务协同的重点。这种新时代背景下的乡村旅游服务质量是一个地方旅游产业综合竞争力的重要标志，是展现地方历史文化内涵、宣传地方文化、增强乡村旅游目的地吸引力的最有效的方式。

2. 乡村旅游服务的要素构成

乡村旅游服务可分为“软服务”和“硬服务”两个方面的要素。软服务表现为服务人员的服务水平，“硬服务”表现为基础设施建设。

服务人员的服务水平主要通过树立人性化服务理念、培养过硬的服务技能、构建完善的监管制度等而实现。通过开设网站留言板、电子信箱、意见箱、热线电话、微博微信、咨询台、座谈会、问卷调查等多种形式面向社会，第一时间收集游客、村民等利益主体对景区建设、服务、管理等工作中存在问题的意见和建议，制定和改善人性化服务理念和科学有效的管理制度。建立旅游服务质量督察制度，对民宿客栈、宾馆酒店、旅行社和旅游服务人员的服务质量进行经常性的跟踪监督，并将他们的评价作为服务人员评优的重要依据。

基础设施供给不仅是乡村旅游服务的重要内容，同时在呈现和提升人性化服务理念和水平方面起着重要作用。吃住行游购娱及文化方面的基础设施设备的建设和配备越完善、越便捷、越舒适，服务人员人性化的服务理念就越容易贯彻、执行和实现，游客的文化认知就深刻。因此，基于乡村地域特点的文化旅游设施设备的建设和配备，对于保障游客基本需求、提升服务质量至关重要。

二、乡村文化和旅游服务协同的途径

（一）乡村文化和旅游服务的协同要素

乡村文化和旅游服务协同包括服务对象协同、服务内容协同和服务方式协同等，乡村文化和旅游服务的协同又是通过一些要素的协同而实现。

乡村文化和旅游服务的要素包括人才、资本、技术、产业、资源等，这些影响乡村文化服务与旅游服务的要素属性和功能的相关性和共同性，成为它们之间相互联系、相互促进、协同发展的基础。文化服务和旅游服务之间各种要素之间的双向流动，可全面实现消费者、信息、技术、人才的共享及资源、资本的流通，推动文化服务和旅游服务的协同发展，提高乡村经济的综合效益。

（二）乡村文化和旅游服务协同的途径

1. 搭建信息化综合服务平台

乡村文化的繁荣发展离不开文化服务和旅游服务之间的信息流，特别是对于作为协同主体的文化和旅游企业来说，它们之间搭建的信息化综合服务平台使它们能在乡村文化和旅游产业链各环节上及时把握信息动态，从而更好地促进文化旅游产品的开发和共同营销。乡村信息网络化的建设要加快技术的引进和创新，通过乡村旅游目的地的门户网站平台上开设乡村文化旅游专栏，提供乡村文化旅游政务、资讯、电子商务等服务，发布特色文化旅游产品及价格、团购营销等信息，实现乡村文化旅游的人性化服务。此外，对于一些有条件建设“智慧乡村”的地区，积极推进“智慧旅游”建设，通过移动终端向游客推送相应的乡村文化和旅游信息服务，优化乡村旅游目的地服务系统。因此，在现阶段特别要把乡村旅游地的信息化建设放在关键位置，在保障和改善村民自己生产生活的同时，为游客提供更好的服务。

2. 统筹文化和旅游设施建设

乡村文化的繁荣发展需突破文化和旅游设施建设的分割局面，推进二者走高度协同、协调发展的道路，实现资源要素的高效优化利用。对于乡村文化和旅游服务协同，首先需要对文化场所和旅游接待设施进行统筹建设，一要充分建设和利用乡村文化设施，使之既是村民进行文化活动的场所，又是向游客进行乡村文化展示和进行旅游接待的设施；二要发挥乡村旅游在传播乡村文化的重要作用，将乡村特色文化元素融入景区、民宿客栈、饭店宾馆、购物娱乐场所、文化体验等乡村旅游设施建设当中。其次要统筹乡村文化和旅游基础设施建设，做到有限人力、资金的节约和高效利用。在资金有限的情况下，要创新投资主体多元化，多方筹措资金用于建设与完善交通网络和信息化平台，加快实现客流、物流、信息流等的“城乡通”“村村通”。同时，需加快饮水、用电、医疗、旅游厕所、垃圾设施、物流设施、物流平台等提升工程，为乡村文化旅游创造无忧的服务条件。

3. 加快人才队伍及支撑体系建设

如前所述，乡村文化和旅游人才是文旅产业协同发展的基石，文化和旅游人才体系及使用往往相互独立而联系较少，这对于文化和旅游人才本身匮乏的乡村来说，要提供优质人性化的服务无疑是一种巨大的挑战。现阶段，我国乡村文化和旅游人才资源紧缺且培训滞后，文化和旅游人才没有真正走进乡村地区。因此，必须创新人才培养与管理制度，造就专业化的服务人才来支撑乡村文化和旅游的协同发展。一方面，要挖掘乡村地区现有人才队伍的潜力，整合文化和旅游人才队伍及其培训体系，建设“文旅”人才培训基地，针对乡村旅游经营主体与相关服务人员分重点进行专项培训；另一方面，需优化乡村工作条件，积极引进科研院所的文化旅游系人才，并同时引导有思想的农民工返乡创业，以壮大乡村文化旅游队伍。通过加强人才队伍的建设，可积极开展乡村文化旅游"创客行动"，争创一批乡村文化旅游创客示范基地，特别是鼓励拥有创新思维的从事文艺、科学等行业的专业技术人员与文化旅游专业人才加强合作，发挥各自优势，在有条件的乡村和地区实现自主创业与创作，实现乡村文化旅游创新发展。

4. 强化规划管理和重点领域的投资

基于准确把握乡村区域总体发展方向的前提下，政府对乡村文化和旅游服务进行宏观规划和管理，以规制和引导乡村文化旅游的健康发展。一要基于乡村振兴战略要求，制定乡村文化旅游发展的专项规划；二要通过完善有关标准，加强市场监督管理和组织协调，使企业运营和服务规范化，以推进乡村文化和旅游有序发展。

乡村文化和旅游的服务协同，必须依靠基本的资金需求。但现阶段我国广大乡村地区仍然面临着资金不足、投融资渠道单一等窘境，成为乡村文化和旅游转型发展的障碍，有保障的资金是乡村文化和旅游服务协同的重要因素。基于此，一要创新多元化的文化旅游投融资平台，充分利用多方资金，以筹建乡村文化旅游发展基金和发挥资金协同价值；二要进一步推进乡村文化和旅游发展的资金扶持政策，以保障具有特色文化的乡村旅游发展；三要强调文化和旅游专项资金向重点乡村文化旅游项目倾斜，以实现乡村文化和旅游服务的有效和有序发展。

第三章 宁夏乡村文旅协同发展的现状

乡村是许多美好记忆的源泉。印象中的乡村文化，炊烟牧笛、鸡犬相闻、水车嘎嘎、耕读传家都是中国人无法忘怀的浪漫情怀和美好记忆。无论在哪里，乡村文化总是蕴含着一种区别于城市文化的、饱含国人情怀的特殊美学。随着中国建设“美丽乡村”，推进“乡村振兴”的脚步日渐加快，有更多的人希望返回乡村、走入乡村、了解乡村，去感受这种带有独特乡土气息和人文气息的文化。文化是旅游的灵魂，挖掘文化内涵、用文化提升旅游品位是旅游发展显特色、创精品、提质量的重要途径。旅游是文化的载体，是彰显和体验文化价值、人文精神，促进不同文化交流互鉴的重要渠道。乡村的文化和旅游协同，是盘活资源，发挥互补优势，开发产业动能，提升发展品质，增强竞争实力的重要途径。

因此，为了让乡村成为生态宜居的美丽家园，让居民望得见山、看得见水、记得住乡愁；让游客能够真实感受和接触乡村文化，更加了解养育中国人的土地，乡村文旅协同成为现代乡村发展的题中之义。对于宁夏而言，乡村文旅协同正处于一个重要的转折时期。一是作为中国西北地区的重要省份，宁夏地理交通位置优越，自然风光优美秀丽，既具备江南水乡的秀美，也具备西北大漠孤烟直的豪放，优越的人文地理资源吸引着大量游客。二是由于正处于国家整体政策环境和自治区发展的利好支持下，宁夏的乡村文旅协同具备较好的社会和政策条件。故此，在新一轮的发展中，宁夏更应该抓住机遇，积极推动乡村的文化和旅游协同发展，促进宁夏乡村经济、环境及人文的整体增长。

当然，也必须看到，在中国其他一些地区，乡村文旅协同发展的过程中已经出现了一些误区，需要宁夏在发展的过程中仔细甄别和避免。在整体的开发理念和水平上，宁夏乡村整体的文化开发和乡村建设水平还远远落后于一些先进地区，仍面临着一条漫长而艰难的发展道路。未来，宁夏的乡村文旅协同应当秉承着何种原则和方向，继续高质量开发乡村的宝贵资源，提高区域整体经济能力；应当如何最大化利用自身资源，如何补足短板，创建美好的乡村景象，为宁夏建设一个又一个的宜居宜游的乡村空间；应当抓住哪些机会，去创新创造，都是本章希望能够解答的重要问题。

第一节　宁夏乡村文化与旅游资源概况

宁夏位于西北地区，历史上是游牧文化与农耕文化交汇的地方，又是丝绸之路的重要驿站，这里有着深远优秀的黄河文化，经典杰出的红色文化，独具魅力的历史遗韵以及底蕴深厚的西北风情等。多元文化的发展也同时具备多元的文化表现形式，各类民风民俗、典故、曲艺、手工艺、口传历史及民居建筑等在宁夏的乡村文化中也有着具体而生动的体现。本小节对宁夏乡村特色文化和旅游资源进行了研究和梳理，进一步加深了对宁夏乡村特色文化的感知，为未来发展提供素材。

一、宁夏乡村文化资源概况

乡村文化是乡村旅游的灵魂。在发展乡村旅游的过程中，要切实挖掘旅游地特色乡村文化资源，尤其是传统文化载体表象下蕴含的深层内涵，提升乡村旅游地的传统人文气息，如反映人与自然依存和延续的乡村聚落；反映传统文化、社会组织形式和家庭关系的乡村建筑；或是以非物质形态存在的与群众生活密切相关、世代相承的传统文化表现形式，包括传统表演艺术、民俗活动和礼仪与节庆等。

（一）乡村聚落

乡村聚落是指乡村地区人类各种形式的居住场所（即村落），其中蕴含文化内涵最为深厚的就是传统文化村落。目前中卫市沙坡头区香山乡南长滩村、中卫市沙坡头区迎水桥镇北长滩村、固原市隆德县城关镇红崖村一组、固原市隆德县奠安乡梁堡村一组、吴忠市利通区东塔寺乡石佛寺村、固原市彭阳县城阳乡长城村乔区组等列入中国传统村落。

中卫市沙坡头区迎水桥镇南长滩一景（展帆 / 摄）

传统文化村落保留了较大的历史沿革，即建筑环境、建筑风貌、村落选址未有大的变动，具有独特的民风民俗，虽经历久远年代，但至今仍为人们服务的村落，有突出的文明价值及传承的意义。如固原市长城村的周边除战国秦长城遗址外，还流传有白马庙的传说；同时，这里深厚的“东乡文化”令人赞叹，敬奉祖先、孝敬老人、崇尚师道、重视教育、遵守法律、爱党爱国等淳朴民风，还有完善的生活设施、骄人的扶贫业绩都有着鲜明的时代特

吴忠市利通区东塔寺乡石佛寺村（展帆/摄）

固原市彭阳县城阳乡长城村（展帆/摄）

征。在黄河边上狭长的河滩上的南长滩村中，考古工作者发现了秦汉文化层，地层内留有人工铺垫的红色石片基座，还有当时人们在此居住时长期使用过的陶器残片及建筑用瓦数件；此外，在秦汉遗址地层之上向南约70米处的村民院落外侧崖壁处，还发现元、明时期的文化层，并发现了较丰富的粗瓷片等，推测可能是拓跋氏在这里生活留下的痕迹。村里现存500年以上的古树5棵，100~400年之间的古树100余棵。这里依山临河，淳朴的民风民俗，犹如与世隔绝的“世外桃源”。

随着国家“中国传统村落”保护措施的实施和乡村振兴战略的落地，传统村落在宁夏乡村旅游中将占有越来越重要的地位。

（二）乡村建筑

在乡村范围内建起的一切建筑都可认作是乡村建筑。但是在乡村文旅协同的背景下，这里所讨论的是作为地域文化的一部分在乡村旅游景观中扮演着重要角色的乡村（乡土）建筑。

乡土建筑本质上是乡土性在岁月流逝中乡土精神和本土文化的外在显现，主要包括乡土的住宅、寺庙、祠堂、书院、戏台、酒楼、商铺、作坊、牌坊、小桥等。宁夏的乡土建筑类型并不丰富，其中以居民住宅、寺庙为代表。宁夏地区现存的传统民居宅院很少，它们大多是由致富的地主、卸任后的官员或是事业发达的商人修建，这些人往往经济实力较为雄厚，见识广博，因此府邸建筑在建造过程中，除了吸收当地建筑的精髓和地域文化，还融入部分外来建筑理念，形成了具有较高建筑艺术价值的院落。这些现存的传统民居建筑有合院式的、有城堡式的，融合了合院式民居与城堡式民居建筑特点而又保存相对较好的有董福祥府邸（以下简称董府），位于宁夏吴忠市利通区金积镇，始建于清光绪二十八年。它东西长115米，南北宽105米。主体建筑群落占地约1.1万平方米，为我国传统砖木结构，庭院错落，结构精巧，古朴典雅，有极高的观赏性和艺术价值。董府独具一格的砖雕、瓦雕、瓦当艺术，尽管大多不复存在，但现存的一些仍不失为精品。它不仅是当地地域文化的体现，而且是地域文化发展的积淀，也是宁夏地区规模最大、保存最为完好的古民居建筑群，具有很高的旅游价值。寺庙比较有代表性的有石空石窟寺、禅佛寺等。石空石窟寺俗称“大佛寺”，位于宁夏中卫市中宁县余丁张金沙村，大佛寺面临黄河，背靠长城，距离县城20千米。大佛寺整体分成上寺、中寺、下寺三个部分，其中中寺是九间无梁寺洞，它是整个石窟的中心。石窟两壁均有各种佛像，分列三排成列，据称共有八十八佛。禅佛寺石窟位于西吉县火寨乡蝉窑村，因其与固原市须弥山相连，又称“须弥山禅佛寺”，为唐朝佛教禅宗派流传圣地。石窟凿造在一座尖顶宝塔式的石峰上，石峰高约120米，石峰东西现存石窟10孔，残存壁画、石雕须弥座等。其中最大石窟在距峰顶15米处，呈长方平顶式，当地居民供泥塑神像三尊。在石峰下半部有一石窟，深15米，宽4米，高5米，洞内能容纳百余人。

一方水土养育一方人，一方文化塑造一方建筑，乡村（乡土）建筑以其特殊的符号展现不同地域的地貌、气候、文化、建筑材料、构造方式、传统技术等，使得乡村（乡土）建筑在乡村旅游中渐渐得到广泛的应用。

（三）非物质文化遗产资源

全国非物质文化遗产资源，涵盖了民间文学、民间艺术、民俗等多个门类，在国家确定的非物质文化遗产名录体系十大类别（民间文学，传统音乐，民间舞蹈，传统戏剧，曲艺，传统体育，游艺与杂技，民间美术，传统技艺，传统医药，民俗）中均有涉及，且数量不菲，具有鲜明的地域文化特色。根植于宁夏大地的乡村文化，是宁夏悠久历史的生动记忆和见证，更是劳动人民长期生产生活实践的智慧与创造结晶。根据宁夏乡村文化保护传承面临的形势、实际需要和发展规律，综合采取濒危性保护、生产性保护、教育传承等多种手段，宁夏各地着力推动乡村文化在保护中传承、在继承中创新。支持具有一定市场前景的非物质文化遗产进景区、进企业，搭建非遗技艺展示和非遗产品展销平台，推动非遗融入现代生活、将特色文化资源转化为经济资源。服饰、器乐、杨氏泥塑、贺兰砚雕刻、剪纸、刺绣、麻编、二毛皮制作等项目生产规模不断扩大，产品开发进一步丰富，发展后劲有效增强。举办了“探索非遗产品营销新通道——剪纸、砖雕、贺兰砚制作技艺传承人对话网络营销”“二毛皮产品的创新与发展——二毛皮制作技艺传承人对话设计师”两项活动，邀请网络公司、文化创意公司、设计师等，与宁夏非遗传承人开展对话，帮助提高产品创意研发水平、制定产品营销策略、提升项目技艺水平，为非遗提质增效打下了基础。剪纸传承人伏兆娥、刺绣传承人赵桂琴、葫芦刻画传承人陶瑞珍、麻编传承人张璟等一批乡土文化能人先后在镇北堡影视城、银川文化城等地建立了个人工作室，将优秀的手工制品推向市场。

2020宁夏黄河流域非遗作品创意大赛作品展
贺兰砚雕刻（展帆/摄）

2020宁夏黄河流域非遗作品创意大赛作品展
二毛皮制作（展帆/摄）

二、宁夏乡村旅游资源概况

宁夏有“中国生态盆景”之称，区域内分布着高山、大河、丘陵、平原、大漠、湖泊、草原等多种地形地貌；绿洲农业生态区、湖泊湿地生态区、干旱半干旱荒漠生态区、沙漠草原生态区、阴湿半阴湿森林草甸生态区五种生态类型区梯次分布；千沟万壑的黄土高原，浩瀚悠然的大漠孤烟，九曲八拐的黄河古道，烟波浩渺的湖泊湿地，雄浑壮观的贺兰山阙、天高云淡的六盘山峰，都为发展多种类型的乡村旅游创造了良好条件。

（一）种植业资源

黄河在宁夏流经397千米，孕育了宁夏平原千万亩绿洲农业，并与草原牧区交错分布形成独特景观；历史上黄河改道形成众多湖泊湿地和宜渔滩涂，面积达200多万亩，构成了“塞上江南，鱼米之乡”的长轴画卷；中南山区立体农业及传统农业文化景观，展示了山乡的古、土、特、真、憨的风味；引黄灌区精耕细作农业，使人们感受着人类改造自然并与自然协调发展的魅力；中部干旱带节水特色农业、南部山区绿色生态农业等现代农业产业形态交相辉映、优势互补。光热资源丰富、昼夜温差大、气候凉爽宜人、地域差异明显、生态环境友好、土壤有机质含量高，发展特色农业具有独特的自然条件；

银川市贺兰县常信乡四十里店稻渔空间一隅（张绍慧／摄）

麦稻、玉米、枸杞、硒砂瓜、蔬菜、葡萄及葡萄酒、长红枣、苹果、中药材等特色农产品基地，均可发展主导产业明晰、主题文化突出的乡村旅游。

（二）林业资源

被誉为“绿色财富”的森林，是陆地生态系统的主体，是人民生活不可缺少的宝贵资源。历史上，宁夏有过较好的森林生态系统。据史书记载，六盘山林区是森林草原地带，贺兰山曾生长过茂密的云杉、油松等针叶松，罗山的森林也曾经相当繁茂。因历代战争和不合理的土地利用，使森林资源遭到反复破坏。中华人民共和国成立以来，宁夏的林业建设取得了显著成绩。天然林主要分布在六盘山、贺兰山、罗山三个林区，被称为半干旱、半荒漠地区的“绿洲”。此外，还包括海原的灵光寺、盐池的毛乌素、中卫的香山、灵武的白芨滩、青铜峡库区以及陶乐等县市的天然林、灌木林地。自治区乔、灌木树种有260余种。“十三五”期间，宁夏启动实施了引黄灌区平原绿洲生态区绿网提升、六盘山重点生态功能区降水量400毫米以上区域造林绿化等“六大”国土绿化工程，取得显著成效，森林覆盖率由2015年的12.63%增加到2019年末的15.2%，草原综合覆盖度由52.01%增加到56.23%。“十四五”期间，规划森林覆盖率由目前的15.2%提高到16.8%。

（三）畜牧业资源

宁夏牧草资源丰富，畜牧业发展条件得天独厚。一是天然草场4000多万亩，是全国十大牧区之一。自南而北，依次分布着草甸草原、干草原、荒漠草原等。宁夏天然草场的独特品质，不仅形成宁夏牛羊肉，特别是滩羊享誉国内外的独特风味，也是宁夏牛羊肉形成价格优势的基础条件。二是近年来宁南山区实行退耕还林、退牧还草工程，优质紫花苜蓿种植基地逐年扩大，立草为业，发展草畜产业已成为宁夏中部、南部农业结构调整的主要方向之一。这不仅是新时期宁夏开发饲草料资源，扩大牛羊产业规模的重要物质基础，也是转变养殖方式，实行可持续发展的重要的优质资源。总之，宁夏作为全国十大牧区之一，“种黎牧畜”有着悠久的历史，一直视“畜牧业为天下饶”，草场资源十分丰富。

（四）渔业资源

宁夏灌区自然条件比较优越，除可以引黄河水自流灌溉外，天然湖泊较多，水质、气候、光照以及水生浮游生物丰富，宜于发展渔业。因此，传统的捕捞渔业和养殖渔业绵延于宁夏农业开发史，自然也就成为我国西北地区开发渔业养殖较早的地区之一。全区日照长，光能资源丰富，有利于各种水生生物的生长。水生动植物资源丰富，已发现的水生植物有芦苇、水生维管束植物、水生蔬菜类植物等。芦苇具有较高的经济价值。水生维管束植物大多生长在湖沼、沟渠和积水洼地中，是草食性或杂食性鱼类的天然饲料，且可起到调节生态平衡的作用。水生蔬菜类植物是自治区20世纪60年代初引种的，有莲藕、茭白、荸荠、慈姑等，对改善水生态效果良好。在西吉县水堰中发现的西吉彩鲫，其体色繁杂鲜丽，如金鱼，有全身纯白、纯红、纯黑、黑紫，也有在侧线上方杂有多种色彩者，可培育成兼有观赏价值的养殖新品种。

第二节　宁夏乡村文旅协同发展的基本情况及特点

近年来，宁夏的文化发展和旅游发展较快，为文旅协同打下了很好的基础。宁夏各大城市，如银川市、吴忠市、石嘴山市、中卫市、固原市等地，依托全国文明城市建设、国家级公共文化服务体系示范区建设、国家文化消费试点城市建设、各类文化产业园区建设（例如银川IBI育成中心，石嘴山星海湖国家级文化产业试验园区等）等，逐步建立起了辐射乡镇的、较为完备的公共文化服务体系，加之各项政策的积极支持，在文化保护、文化遗产开发及文化产业的发展等方面有很大的提升。在旅游发展方面，各地深入推进宁夏全域旅游示范区创建，不断提高宁夏整体的游客接待能力，打造各类优秀景区，并不断改造维修，开展各项旅游环线打造工程，也为宁夏地区整体的旅游业发展打下了良好的基础。

对于乡村旅游而言，依托宁夏文化产业和旅游产业的整体发展，宁夏的乡村文化旅游特色被不断突出，品牌宣传被有效拓展，整体的发展前景可期。本节通过对宁夏乡村文旅现有资源及特色的梳理，希望明确下一步文旅协同高质量发展的支撑，为宁夏乡村发展提供重要抓手，及时抓住全域旅游发展机遇，打造产业兴旺、生态宜居、乡风文明和治理有效的特色文化旅游村镇，真正把文化旅游产业打造成宁夏乡村的支柱产业和群众增收致富幸福产业的良好开端。

一、宁夏乡村文化发展情况

（一）非物质文化遗产的内容与保护情况

非物质文化遗产是指各种以非物质形态存在的与群众生活密切相关、世代相承的传统文化表现形式。作为一种以人为本的活态文化遗产，它往往体现着当地人生活的技艺、经验、精神，是地区文化的重要体现方式，蕴藏着传统文化的最深的根源。宁夏地区历史悠久，具有深厚的文化土壤，培育出包括花儿、民间器乐、泥塑、婚俗、砚台制作、滩羊皮鞣制工艺、砖雕、曲艺等诸多非物质文化遗产。

保护传承宁夏地区非物质文化遗产，是对宁夏地区历史记忆的保存，是对宁夏人曾经生活方式、价值观念的继承。通过挖掘传统文化资源，有利于促进宁夏乡村地区文化事

2020宁夏黄河流域非遗作品创意大赛现场（展帆／摄）

业、文化产业的协调发展。在宁夏非物质文化遗产的开发方面，宁夏政府通过大量的文化活动和相关规划，不断促进非物质文化遗产的开发。例如海原县为保护和传承非物质文化遗产“花儿”,2007年将“山花儿”走进学校课堂，全面实施教育传承计划，对演唱习俗及其相关民俗进行整体保护；2018年，宁夏出台《关于贯彻中国传统工艺振兴计划的实施意见》，投入了大量的扶持资金。目前，全区5个地市和18个县区建有非遗展厅（陈列室）并实行免费开放，常态化组织开展非遗传习培训活动。实地督查市、县文化馆（非遗中心）、非遗展示室、保护传承基地（点）60余处，走访传承人50多名。在非遗的场地保护上，宁夏也积极有为。固原魏氏砖雕保护利用设施建成，免费开放，开展技术培训。平罗县民族乐器保护利用设施、银川市秦腔保护利用设施建等均在积极发展之中。

（二）红色革命文化的发展与保护

作为乡村旅游的重点发展支撑之一，红色文化也是宁夏乡村旅游打造与传播，文化产业创新创意的重要内容。红色革命文化与乡村文化结合在一起，不仅能够丰富乡村文化的内涵，也能够促进乡村文旅发展的深度和广度。宁夏拥有宝贵的红色旅游资源，是全国12个重点红色旅游区之一的“陕甘宁红色旅游区”重要组成部分。红军长征在宁夏地区留下了大量的红色历史，例如将台堡会师、毛泽东夜宿单家集、红军翻越六盘山、毛泽东宿营彭阳乔家渠、创建陕甘宁省豫海县回民自治政府等。一首气壮山河的《清平乐·六盘山》，使六盘山蜚声中外，品牌效应极强。

近年来，宁夏紧靠红色文化大力发展旅游，获得较好的成效。例如宁夏隆德县的城关镇红崖村，依托自身红色文化特色[①]，建设红崖泉、古钟石阶、红军墙、红二十五军先遣团党委会议遗址等园林20处，形成红崖民俗文化村（老巷子）。同时，依托距离隆德14千米的六盘山红军长征纪念馆等旅游设施，

① 红崖村具有丰富的红色文化资源，1935年秋，红二十五军长征途中经过隆德县，其先遣部队宿营红崖村，召开党委扩大会议，研究部署工作，为该村留下了鲜明的红色革命文化印记。

红崖村的旅游业发展迅速。2019年，红崖村一年旅游人次预计约60万人次，能够实现直接性社会收入600余万元。类似红崖村的发展模式还有很多，例如盐池县的苏维埃纪念馆、宁夏固原市西吉县的“红军粉”红色食品产业等都是依托红色文化较好的开发示例。

事实上，红军长征西征，涉足今宁夏南北九县和一百多个村镇，留下的红色足迹，既由点成线，集中连片，自然形成了一个红色旅游带——宁夏东线旅游带。从宁夏全区来看，红色景点与全区各类自然风光、历史人文大旅游景点在地域和路线上也是相融的，可以起到互补的带动作用；再从西北大区来看，宁夏红色旅游资源区，又是陕甘宁革命老区红色旅游线路与其他类型旅游线路的中间一环，开发前景看好，经济效益乐观。但是，如彭阳乔家渠毛泽东宿营地、同心豫旺堡红军西征纪念地等，在遗址的保护、史料的挖掘整理和研究方面还远远不够。缺少专业人员、财力支持，宁夏红色文化的开发还需要进一步扩大。

（三）宁夏民俗文化的开发特点和现状

宁夏的民俗文化主要涉及饮食、体育、民间艺术等方面。在饮食文化方面：馓子、烩粉汤、手抓肉、油香、烩羊肉等和香甜的八宝盖碗茶，都是极富民族特色的迎宾待客的佳品，已经形成了自身的饮食文化特色；在体育运动方面：木球、方棋、踏脚等传统体育项目参与性和欣赏性并存，也具有较高的文化开发价值；在民间艺术方面：具有浓郁乡土气息的山歌“花儿”、优美动听的民间说唱“数花”和“对花”，令人心醉的弹拨乐器口弦，别具一格的剪纸、刺绣、书画等都极具欣赏价值，具有极高的消费潜力。

但是，总体来看，民族文化的相关文化创意产品和文化市场开发仍然较为薄弱，与云南、贵州等地的少数民族文化开发相比较，目前还没有成熟的文化产品，村镇依托民族文化发展，但是却没有成体系的民族文化开发和体验，多数产品（例如饮食）与邻近省份多有重合，这都是目前亟待解决的问题。

（四）宁夏历史文化资源的发展与保护

历朝历代，古人诗文中不乏涉及贺兰山、牛首山、韦州、须弥山、南华山、泾河、青铜峡、玉泉营、沙坡头等地的山川、城堡、古迹、寺观、祠庙，并留下了浓郁的文学形象；同时，大量的历史人物，留下了许多鲜活的故事。例如乾隆年间知县黄恩锡之于中卫，道光年间知县黄璟之于隆德，光绪年间知州王学伊之于原州（现固原市原州区）等。他们为官在任，留给当地的是孝行、乡贤、忠节、孝义、义士等丰厚事迹和绵长文字记述，也同时给宁夏留下了丰富的文化资源和财富。

二、宁夏乡村旅游发展情况

在全国十大类95种基本类型旅游资源中，宁夏占8大类、46种，被称为中国旅游微缩盆景。事实上，在宁夏境内，70%以上的自然风光、民俗风情、文化旅游区集中在乡村。乡村清新的空气、良好的生态、优美的环境、古朴的风貌对城市居民有着强烈的吸引力。近年来，宁夏通过实施全域旅游战略，乡村旅游得到了快速蓬勃发展，2017年，全区乡村共接待游客712.4万人次，实现经营收入4.4亿元，同比增长23%与13%，宁夏境内先后涌现出黄河大漠观赏型、休闲垂钓型、生态观光型、休闲农庄型、农家特色餐饮型等多种类型的旅游产品，乡村旅游成为我区休闲旅游和假日消费的新亮点、农民脱贫致富的主渠道。研究乡村旅游的特色与情况，能够进一步提升宁夏文旅协同发展的新的支撑点，促进旅游与文化紧密结合，为宁夏全域旅游提供理论支持。总体来看，宁夏乡村旅游依托四种模式发展。

（一）依托绿色景观和田园风光，形成观光旅游

休闲农业与乡村生态旅游被认为是全球性的“朝阳产业”。发展生态农业观光旅游是促进经济持续、快速、健康发展的新举措；是推销名优特产品的重要途径，也是筑巢引凤招商引资的好契机；是加强城乡交流、提高农民整体素质的新思路；是调整农业产业结构、构建人与自然和谐环境的重要一环；是建设社会主义新农村、实现农业现代化的重要因素。

以贺兰县的稻渔空间为例，贺兰县地处宁夏银川平原，东临黄河水、西依贺兰山，具有悠久的农业历史和丰富的农业资源，是西部四季蔬菜之乡、

全国首批现代农业示范区和全国现代农业改革与建设试点县。近年来，贺兰县依托“稻田景观”和“光明渔村”休闲农业，在有机大米种植、稻田立体养殖以及渔村休闲垂钓基础上，重点融入“农耕文化”农史观赏、“稻渔空间”科普教育、“渔家风情”生活体验，让来自城市的大人小孩实地体验种植过程，感受“汗滴禾下土”“粒粒皆辛苦”，取得了很好的发展成绩。

基于宁夏目前的发展特色和资源优势，利用观光休闲的转型模式，能够较好地带动当地经济转型，提高农业附加值。事实上，休闲农业规划项目能够整合资源，向旅游业、地产业等方向发展，实现产业协同，从而进一步提升宁夏乡村的经济实力。因此，宁夏不断探索农业 + 旅游的发展路径，以目前发展为基础，不断提高宁夏农业的产业附加值，是较为可行的发展机会之一。

（二）以农庄或农场旅游为主，形成娱乐旅游

“农家乐”休闲旅游和庄园式旅游也是宁夏近年来兴起的重要旅游方式之一。在旅游过程中，宁夏乡村以农庄或庄园旅游为主，开发休闲农庄、观光果园、稻田、花园、渔场、葡萄酒体验等各类项目，体现休闲、娱乐和增

吴忠市利通区上桥镇牛家坊河畔人家（展帆 / 摄）

长见识为主题的乡村旅游特色。

其中，葡萄酒庄园的发展较为引人注意。近年来，受到良好自然条件、大量投资涌入等各类条件的有力支撑，宁夏的葡萄酒行业在快速发展。在发展过程中，庄园往往集葡萄种植、酿酒、品酒、旅游、度假为一体，游客可以到种植园参加采摘，与亲朋好友共同分享丰收的乐趣，也可以预订自己的特制葡萄酒，等到制作加工完成带走。从整个旅游体系来看，葡萄酒庄园的发展集生产、制作、消费于一体，发展较为成熟，也拥有很好的市场前景。保乐力加、轩尼诗、张裕等国际国内知名企业竞相在宁夏建基地、建酒庄，西夏王、贺兰山、加贝兰、巴格斯、银色高地等一批自主企业品牌迅速崛起。在开发层面，宁夏也将旅游酒庄、旅游景点串联起来，形成了“国家级贺兰山东麓度假区”，集中力量推动此类庄园的成熟发展。

除了葡萄酒，宁夏的各类农家乐和农业庄园发展也方兴未艾。根据《农家乐旅游服务质量等级划分与评定》地方标准和《农家乐质量等级管理办法》，2018年，自治区旅游发展委员会批准命名五渡桥农庄、古夏山庄等9家五星级农家乐，万盛山庄、光明渔村等18家四星级农家乐，为整个自治区的农业专业提供了发展标杆。总体来看，全区的农家乐发展呈现出由高速度增长的单一业态向高质量发展的综合休闲度假业态转型，发展不平衡不充分、半年闲的问题逐步得到改善，但是产品等问题仍然突出，我们将在问题与不足一节中重点分析。

（三）依托民俗、民风及特色文化，形成民俗文化

宁夏的民俗文化种类丰富，包括贺兰皮影、中宁刘庙狮子、中卫舞龙、隋唐秧歌、口弦、花儿、民间器乐、泥塑等。这些民俗文化发展与保护各有特色。

在旅游方面，各个村县也依托民俗文化，开展旅游项目。以西吉县龙王坝村为例。龙王坝村位于火石寨国家地质公园、将台堡和党家岔震湖三大景点之间，交通便利，旅游资源丰富。为了摘掉贫困村的帽子，龙王坝村确定了把农村当景区来打造，因地制宜脱贫攻坚的思路。为了找到和旅游景区、

其他农家乐的差异化道路，龙王坝村建设“乡村大舞台”，挑选具有文化特长的村民，组建了舞龙、舞狮、秧歌、腰鼓、花灯等民间特色的文艺队伍。同时，开展文化人才培训，邀请专业人士帮助农民创作和排演优秀节目，对演出服装、乐器、道具等活动设施给予指导。优秀的乡村歌手、唢呐表演者、鼓手、秧歌演员以及民间文化继承人、传统绝技拥有者等层出不穷，民俗文化成为龙王坝村的重要吸引力之一。通过培育发扬乡村文化，农民也认识自身的文化历史价值，增强了文化保护的责任感。

当然，西吉龙王坝村的发展也同时受到自然风光、旅游景点资源、政府良好规划的多重因素影响，但是这种积极发展乡村文化，走特色化发展路径的方式，已经受到越来越多文旅消费者的注意，是宁夏乡村旅游的重要一环。

（四）依托成熟旅游景区，形成集散区域旅游

依托旅游景区发展乡村经济是多数省份发展乡村旅游的策略。2018年，全区现有旅游景区（点）近百家，年接待量100万人次以上的景区（点）有：镇北堡西部影城、港中旅（宁夏）沙坡头旅游区、镇北堡温泉小镇、水洞沟旅游区；年接待量50万人次以上的景区（点）有13处：青铜峡黄河生态园、沙湖旅游区、六盘山红军长征景区、北武当生态旅游区、黄河楼、贺兰山岩画、黄沙古渡原生态旅游区、中国枸杞馆、彭阳茹河瀑布、银川文化城、森淼生态旅游区、古雁岭、中华奇石山文化旅游区；年接待量30万人次以上的景区（点）有9处：宁夏川民俗园、西夏陵、西夏风情园旅游区、隆德老巷子、平罗玉皇阁旅游区、老龙潭龙文化博览园、黄河外滩旅游景区、六盘山国家森林公园、天山海世界等。2018年，全区共有A级以上景区81家，其中：5A级景区4家、4A级景区19家、3A级景区35家、2A级景区21家、A级景区2家。

以上数据说明，宁夏旅游景区已经相对成熟稳定，乡村有条件依托景区形成相关的餐饮、住宿、文创产品等产业链的开发。事实上，在发展过程中，银川的镇北堡等地的发展也证实，依托成熟景区，促进乡村文化开发和旅游发展是目前一条主要的发展道路。

三、宁夏乡村文旅协同基本情况及特色

从乡村旅游发展历程来看，可分为初始和深耕两个阶段，初始阶段包括城郊农家乐、景区农家乐、特色村寨游等；深耕阶段包括休闲农庄、创意民宿、农业公园等。这是乡村旅游的1.0和2.0时代。如今，乡村旅游已进入3.0时代，即乡村旅游创新阶段，就是要将文化、旅游与农业深度协同发展，采用互联网+，借助现代交通通信设施设备与信息技术手段，搭建平台，通过新农人计划、众筹农业、农夫市集、文化体验、文创产业、艺术基地、乡村旅游、精品民宿、康养享老、运动拓展、科普学习、生态食品、善心扶助等形式，发展基于乡村的乡村文旅协同产业，实现消费者与生产者的直接双向互动与利益共赢的目标。

因此，乡村文旅协同发展是释放农村活力、发展现代农业、促进农民增收的有益探索，也是推进乡村振兴的创新实践。要持续加深乡村文旅在广角度、深层次、宽领域的协同意识和协同理念。乡村文旅协同实质上就是构建农文旅协同即“农业+文创+旅游”的发展模式，是通过三者的协同，释放土地、资金、人才等乡村振兴关键要素的活力，创造“1+1+1>3”的效果，加快其发展有十分重要的现实意义。

一是乡村文旅协同是城乡一体化发展的新路径。乡村文旅协同产业以农业为依托，以农村为空间，以农民为主体，以城市居民为客源，能够实现“大农业”与“大旅游”的有机结合，使城乡互为资源、互为市场、互为环境、互融发展。发展乡村文旅协同产业能够有效增加农村基础设施和社会事业投入，改善农民的物质文化生活条件和农村的公共服务，加快城乡经济文化协同和三次产业联动发展，丰富统筹城乡内涵，促进农村就地城镇化，缩小城乡差别，建设美丽乡村。同时，发展乡村文旅协同产业使农村成为城市居民亲近自然、体验农业、怡情生活的新天地，引导城市人才、技术、资本、信息等生产要素向农村流动，为建设美丽、和谐、富裕、文明的新农村提供物质基础和人力支撑。

二是乡村文旅协同是传承乡村文化的新载体。随着城市化的发展，城市

生活空间减少，生活节奏紧张，竞争激烈，环境污染加剧，人们期望重建与自然的有机和谐关系。城市有限的公园和风景区已人满为患，不能满足人们对休闲和旅游的心理需求，迫切需要到郊外及农村寻求新的休闲空间，去欣赏田园风光、体验乡村风情，实现回归大自然、休养身心的愿望。农村拥有丰富的历史文化资源，自然风貌和景观独特，通过挖掘、包装、宣传农事活动、农耕文化、民俗文化和民族风情，将进一步促进农村文化和文化产业的开发、保护和传承，有利于农村文化事业的发展。

三是乡村文旅协同是生态文明建设的重要窗口。乡村文旅协同产业是依托乡村田园景观、自然生态环境、农业生产过程和乡土文化生态等多种要素，经过专业规划和创意设计，采用技术和艺术相结合的手段进行系统配套建设，以满足游客自然观光、生态崇享、农事体验、民俗参与、休闲娱乐、养生养老、旅游度假、科普教育等需求的新业态，也是生态文明建设的重要阵地。乡村文旅协同产业兴起时，许多国家和地区都把休闲农庄（园）作为对青少年和政府公职人员进行生态文明教育（体验式）的首选场所。

四是乡村文旅协同是农业增效农民增收的新引擎。乡村文旅协同产业将农村的土地、劳力、资金等要素整合起来，特别是可以利用荒山、荒沟、山林、草坡、滩涂、湿地、於堤坝、水库等自然资源和老房子、老巷子、老物件等社会文化资源开发供人休闲、度假、娱乐、健身、怀旧的园区，优化了农村资源配置，不仅提高了资源利用效率，吸纳了大量农民工就业，增加了农民收入，而且还延长了农业产业链条，带动相关配套产业发展，有效提高农产品附加值和拓展农民就业增收空间。

（一）宁夏乡村文旅协同的基本情况

近年来，宁夏各地以农业供给侧结构性改革为主线，充分发挥优势，抢抓发展机遇，加快补齐短板，以农村一、二、三产业协同发展为路径，加强规划引导，加大投入力度，因地制宜发展各具特色的乡村文旅协同产业，把宁夏悠久的历史文化资源和丰富的自然生态资源转化为发展优势，推进农业、文化、旅游协同发展，释放出巨大的发展潜能，取得了积极成效，增加了宁夏乡村旅游的魅力。

经过10多年的发展，宁夏乡村文旅协同产业初步形成了贺兰山东麓以葡萄酒为主题的生态休闲农庄群、沙坡头和沙湖旅游区外围以旅游接待为主的“农家乐”群、石嘴山—银川—吴忠沿河沿湖“渔家乐”群和泾源县以旅游接待为主的“农家乐”专业村；建成了银川森淼生态园、新牛庄园、红柳湾山庄、万义山庄、兰一山庄、贺兰园艺产业园、青铜峡金沙湾现代农业园、吴忠吉水湾自驾游营地、惠农金岸红柳湾山庄、西吉龙王坝龙泉湾山庄等乡村文旅协同产业品牌，形成了集吃、住、行、游和种、摘、购、娱于一体的乡村文旅协同产业链，成为推进“四化两型”建设的新路径。

（二）宁夏乡村文旅协同的特色

宁夏乡村文旅协同产业呈现出起步晚、发展快、多形式和集群化发展的特点，并逐步向园区化、主题化和产业化方向转变，具体发展特色呈现为。

1. 产业规模不断扩大

乡村文旅协同主要采用生态农业园、市民农业园、生态果园、特色养殖、农业采摘、畜牧观赏狩猎、农夫体验、新农人计划、乡村文化休闲旅游、农文旅主题活动、乡村地居留、体验乡村生活和乡村文化等形式或业态，让社区居民（游客）参与进来，通过经历与体验，使其从中获得精神的放松与愉悦，并让这种美好体验伴随着社区居民（游客）长久存在。目前，从全国形势看，乡村文旅协同产业已从零星分布向集群分布转变，空间布局从城市郊区和景区周边向更多适宜发展的区域拓展。据测算，2019年，全国乡村休闲旅游接待游客32亿人次，营业收入超过8500亿元。乡村旅游成为城市居民休闲、旅游和旅居的重要目的地，成为乡村产业的新亮点。2019年，宁夏全区“农家乐”共接待游客550.97万人次，实现收入3.15亿元。其中，银川市农家乐接待游客182.32万人次，实现收入11081.43万元，人均花费60.76元；石嘴山市农家乐接待游客40.96万人次，实现收入2444.96万元，人均花费59.70元；吴忠市农家乐接待游客83.00万人次，实现收入5279.29万元，人均花费63.60元；固原市农家乐接待游客176.83万人次，实现收入7168.29万元，人均花费40.54元；中卫市

沙坡头村农家大院（展帆 / 摄）

农家乐接待游客67.81万人次，实现收入5498.76万元，人均花费81.09元。截至2019年底，全区共有星级农家乐516家，其中：四星级农家乐91家、五星级农家乐30家。全国乡村旅游重点村9个，特色产业示范村10个，特色文化旅游村30个，旅游扶贫重点村72个。①

2. 协同机制更加多元

乡村文旅协同把文化、旅游与农业结合起来，集“吃、住、行、游、购、娱”于一体，连通了种养、加工、营销、旅游、度假、养生、养老等领域，推动了一、二、三产业协同发展，扩大了旅游经营范围，将农业从单一的食品保障功能向原料供给、生态涵养、观光休闲、养生度假、养老服务、文化传承等多功能拓展，同时促进了交通、物流、建筑、文化等相关产业的发展和协同，提升了乡村发展的质量和效益。

近年来，宁夏各地通过深入挖掘地方乡村文化资源，着力构建文化与城镇化建设、乡村旅游、商贸等领域的多元协同机制，助推当地经济社会

① 数据来源：《2019年宁夏旅游经济发展统计公报》.

发展。一是促进传统优秀乡土文化与城镇化建设协同发展。宁夏回族自治区党委办公厅、人民政府办公厅印发《关于加快特色小镇建设的若干意见》，确定了第一批10个特色小镇培育名单，其中西夏区镇北堡镇、永宁县闽宁镇、泾源县泾河源镇等4个镇确定为“文化旅游”类特色小镇，各地结合“美丽乡村”建设，将乡村文化特色、内涵融入小城镇规划建设，提升小城镇建设的文化内涵。如西夏区镇北堡镇规划建设影视文化核心区、葡萄酒庄文化中心区、温泉度假休闲体验区“三片区”，突出文化和旅游服务功能地位，通过产城协同及与社会资本合作，大力发展特色旅游业、特色农业、特色文化产业，推进特色城镇一体化，在镇北堡西部影视城集中引入剪纸、刺绣、擀毡、皮影戏、木板年画等20多个非遗项目进行展示，丰富了旅游产品和服务。泾源县泾河源镇以打造“旅游重镇、产业强镇、文化名镇”为目标，把“龙文化”作为泾河源特色小镇建设的主基调，充分利用水资源，坚持生态保护与文化特色并举，建设独具特色的文化旅游小镇。二是促进乡村文化与旅游协同发展。石嘴山市结合实施乡村振兴战略，重点打造5个特色田园小镇、10个美丽家园，在龙泉村建设民俗文化博物馆、龙泉村村史馆、家风家训馆，以深厚的文化底蕴吸引本地、外地游客观光、留念；在潮湖村打造陶氏葫芦种植、雕刻、烙画、展示、销售为一体的乡村文化旅游基地。加快发展特色乡村旅游产品，打造乡村文化旅游品牌，先后组织举办了高仁乡沙漠生态旅游西瓜文化节、大漠生态旅游暨牦牛文化节、黄渠桥羊羔肉特色美食暨乡村旅游文化节、宝丰赛羊大会暨文化旅游节、灵沙乡手抓鸡美食节、姚伏大集等乡村文化旅游节会活动，促进乡土文化与旅游协同发展。中卫市南长滩村、北长滩村，西吉县龙王坝村，隆德县红崖村老巷子，陈靳乡新和村，泾源县冶家村等地利用当地独具特色的乡村文化资源，深度挖掘特色产业、文化底蕴、旅游资源、居住功能，打造了南长滩梨花节、老巷子歌会及民俗体验游、稻花香里文化艺术节、黄河拜水盛典等乡村文化旅游品牌，实现了生态优美、村容整洁、特色鲜明、旅游要素齐全的目标。

3. 产业内涵不断拓展

近年来乡村旅游由原来单纯的休闲旅游，逐步拓展到文化传承、涵养生态、农业科普等多个方面，更加注重开发“好山好水好风光”的自然生态资源，发掘资源潜在价值。通过拓展科普教育、农事体验的功能，让人们近距离参与农业生产，了解乡村民俗文化；通过拓展养生养老、健身运动的功能，让城市居民到乡村居住，感受田园和农耕生活。

在宁夏，固原市西吉县吉强镇的龙王坝村获得文化和旅游部授予的“中国最美休闲乡村”称号；吴忠市红寺堡区永新村通过发展葡萄种植产业，已经列入宁夏十大特色产业示范村；永宁县的原隆村、贺兰县的四十里店村、利通区的郭桥村、青铜峡市的地三村、隆德县的红崖村也通过发展旅游及相关特色产业让广大农民吃上了旅游饭。比如：位于固原市隆德县城关镇红崖村一组，该村是首批全国乡村旅游重点村之一，村内有一条长200米的老巷子，占地面积1万平方米，现存老戏台、老磨坊、老水井等古乡村建筑。1935年秋，红二十五军长征途经隆德，其先遣部队宿营红崖村，召开党委扩大会议，研究部署工作，为该村留下了鲜明的红色革命文化印记。近年来，隆德县依托红崖村厚重的历史文化、独特的建筑风格，以“千年隆德县，百年老巷子”为主题，以“打造红色旅游景区，保护历史文化名村”为理念，保留古村落原始特征，改建成目前老巷子一条街、家庭客栈、茶馆、酒吧等休闲设施，建设红崖

红寺堡罗山酒庄（展帆／摄）

泉、古钟石阶、红军墙、红二十五军先遣团党委会议遗址等园林小品20处，[①] 乡村旅游也从最初的“农家乐式”让游客“吃农家饭，住农家屋，干农家活”发展为“观田园风光，赏民间文化，听红军故事，看民俗表演”内涵更加丰富的新型乡村游。

4. 业态类型不断丰富

乡村文旅产业协同生产、生活和生态，把特色种养业、农产品营销业和农村服务业（餐饮、民宿）紧密联结起来，拓展了旅游的多功能，延长了农业产业链，带动了农产品加工业和农村服务业的兴起，促进了农业发展方式的转变和农村经济结构的优化升级，满足了城乡居民新型消费需求，开辟了经济发展新业态。乡村文旅协同产业按照所依托的资源不同大致划分为五类：一是田园观光休闲型。即以农村田园景观、农业生产活动和特色农产品为旅游吸引物，开发农业游、林果游、花卉游、渔业游、牧业游等不同特色的主题旅游活动，满足游客体验农业、回归自然的心理需求。如：固原市原州区开城镇双泉村乐逍遥农庄、固原市彭阳县白阳镇玉洼村金鸡坪梯田公园。二是民俗文化依托型。即以农村风土人情、民俗文化为旅游吸引物，充分突出农耕文化、乡土文化和民俗文化特色，开发农耕展示、民间技艺、时令民俗、节日庆典、民间歌舞等旅游活动，增加乡村旅游的文化内涵。常见的类型有：农耕文化游、民俗文化游、乡土文化游、民族文化游等，如固原市原州区黄土情牡丹山庄、固原市彭阳“山花节”等。三是乡村民宿带动型。即指农民利用自家庭院、自己生产的农产品及周围的田园风光、自然景点，以低廉的价格吸引游客前来吃、住、玩、游、购、娱等旅游活动。常见的类型有：农业观光农家乐、民俗文化农家乐、民居民宿农家乐、休闲娱乐农家乐、旅游接待农家乐、农事参与农家乐等。如固原市西吉县吉强镇龙王坝村、中卫市沙坡头南岸半岛黄河宿集。四是生态资源依托型。依托自然优美的乡野风景、舒适宜人的清新气候、独特的地热温泉、环保生态的绿色空间，结合周围的

---

① 王涛．宁夏大力发展乡村旅游引导农民走上致富路 [N]. 中国旅游报，2019-07-24.

田园景观和民俗文化，兴建一些休闲、娱乐设施，为游客提供休憩、度假、娱乐、餐饮、健身、创作等服务。如：彭阳茹河度假村、隆德县神林山庄等。五是景区发展带动型。利用农村优美的自然景观、奇异的山水、绿色森林、静荡的湖水，发展观山、赏景、登山、森林浴、滑雪、滑水、滑草、漂流等旅游活动，让游客感悟大自然、亲近大自然、回归大自然；或以古村镇宅院建筑和新农村格局为旅游吸引物，开发观光旅游。常见的类型有：森林公园、湿地公园、水上乐园、露宿营地、自然保护区、古民居和古宅院游、民族村寨游、古镇建筑游、新村风貌游等，如固原市隆德县老巷子景区。

吴忠市红寺堡柳泉乡永新村民宿（展帆 / 摄）

5. 就业收入不断增加

推动乡村文化和旅游协同发展带动了餐饮住宿、农产品加工、交通运输、建筑和文化等关联产业，农民可以就地就近就业，还能把特色农产品变礼品、特色民俗文化和工艺变商品、特色餐饮变服务产品，增加了经营性收入。一些地方把民房变民宿，农家庭院变成农家乐园，增加了财产性收入。特别是一些贫困地区，发掘独有的稀缺资源，有效带动农民脱贫致富。

近年来，宁夏依托旅游市场需求，积极推进乡村旅游“后备箱”工程和旅游电商工程，支持乡村旅游扶贫重点村在邻近的重点景区景点、高速公路服务区、主要交通干道旅客集散点等设立农副土特产品销售专区。开展旅游电商万村千店行动，优先支持有条件的重点村利用已有资源建设旅游扶贫电商平台，组织实施贫困地区“一村一店”“旅游淘宝村”“旅游扶贫村＋特色馆”立体扶贫，依托村民中心、超市等营业场所建设电商服务站点，支持各大电商平台开展旅游电商扶贫行动，以市场化手段，带动贫困乡村农副土特产品销售，扶贫效果显著。如固原市发挥市场机制，建成了淘翼夏、六盘山生态特产网、原州区农村电子商务、西吉县电子商务综合服务平台，全市现有22家农产品加工企业通过网上销售农产品。① 同时，各县乡镇整合本地附加值不高的土产进行网上推广，为贫困村民创收提供重要支撑。宁夏积极引导乡村旅游产品创新开发，发展了一批以农家乐、渔家乐、牧家乐、休闲农庄、森林人家等为主题的乡村度假产品，建成了一批依托自然风光、美丽乡村、传统民居的特色乡村旅游景区，培育发展自驾车房车营地、帐篷营地、乡村民宿等新业态，打造丰富多彩的乡村特色文化演艺和节庆活动，提升了乡村旅游的魅力、拓展了农民增收渠道。

第三节　宁夏乡村文旅协同发展的环境与机会

习近平总书记曾强调，“新农村建设一定要走符合农村实际的路子，遵循乡村自身发展规律，充分体现农村特点，注意乡土味道，保留乡村风貌，留得住青山绿水，记得住乡愁”。这段话不仅对乡村建设有指导意义，对乡村文旅协同发展也颇有启迪。在发展过程中，乡村旅游长期处于休闲观光的简单模式发展，各类概念、模式和产品层出不穷，而真正针对乡村的特质，体现乡村文化、创造乡村活力的协同却少之又少。究其原因，是因为多数地区没有很好地分析乡村文旅真正的发展环境和发展基础，不能及时扬长避短，促进乡村建设。因此，本节着重对宁夏乡村文旅协同发展的环境做了梳理，对其竞争优势及面

① 张仁汉．旅游＋扶贫的宁夏实践 [N]. 中国旅游报，2019-09-24.

临的压力综合分析，并结合宁夏的文化特质，对未来的协同发展方向做出了一定的预判。

一、宁夏乡村文旅协同发展的环境

（一）乡村文旅协同进入重要“窗口期”

目前，宁夏乡村文旅协同正处于重要“窗口期”，无论是政策、区位、发展愿景还是营商环境改善，都面临着重大机遇，更应该准确地把乡村发展特征、发展环境搞清楚，把机遇和挑战弄明白，主动对接国家政策、城市规划、地方政策，做到因势而谋、应势而动、顺势而为。

1. 具备良好政策环境

从政策环境来看，宁夏乡村文旅协同发展正处于文旅协同的政策红利期，从国家到地方政策都能够激发文旅协同的新动能。一是国家整体政策环境支持。国家乡村振兴战略提出，乡村兴则国家兴，乡村衰则国家衰。我国人民日益增长的美好生活需要和不平衡不充分的发展之间的矛盾在乡村最为突出，我国仍处于并将长期处于社会主义初级阶段的特征很大程度上表现在乡村。乡村振兴，必须传承发展提升农耕文明，走乡村文化兴盛之路；必须深化农业供给侧结构性改革，走质量兴农之路；必须重塑城乡关系，走城乡协同发展之路。因此，通过文化和旅游协同，进一步发展乡村、振兴乡村，既是对国家政策的积极响应，也是宁夏乡村发展的重要机遇。二是宁夏政策环境持续优化。2017年，宁夏城镇化率达到57%，城市的引领带动作用不断增强，乡村产业转型日新月异，宁夏正处于优化经济结构、重塑区域经济版图的重要机遇期。作为整个西部的重要区域，宁夏乡村的交通、生态和旅游方面的区域性重要地位不断凸显。结合“一主三副、核心带动，两轴两带、统筹城乡，山河为脉、保护生态”的总体战略，乡村文化和旅游协同，带动经济增长和绿色生态成为自治区的重点培育对象。在自治区的大力支持下，宁夏乡村有机会得到更多的资源倾斜，有能力不断优化文旅区域布局，促进文旅产业的转型和提质增效。三是地方政策积极配合。事实上，宁夏各地对乡村文旅协同发展都十分重视，纷纷出台了一系列有力措施和相关政策。例如宁夏中卫市以“发展全域旅游，打造沙漠水城，休闲中卫”为目标，积极开展各种规划和活动，举办大漠黄河国际旅游节、海原县乡村文化旅游节等多种节庆活动，为乡村文旅造势、投资。再例如固原市积极打造文化旅游品牌，西吉县被命名为首个“中国文学之乡”，隆德县被命名为“中国社火文化之乡”“中国书法之乡”，银川市举办首届乡村文化旅游节等，都是政府为了提高当地文化吸引力的积极努力。

2. 区位优势

宁夏位于“丝绸之路”之上，历史上曾是东西部交通贸易的重要通道。依靠黄河的惠泽，无论干旱多么严酷、风沙如何肆虐，1.31万平方千米、占全自治区总面积近四分之一的引黄灌区绿色葱茏，稻浪翻滚，鱼肥林茂，瓜果飘香的胜景年年都有，素有“塞上江南”的美誉。

随着福银高铁的修建通车，宁夏将纳入全国高铁网，并且高铁连接东南，华中，西北。使得西部大开发与中部崛起，东中西部互补等政策相对接，对

银川市首次乡村文化旅游节启动式（张绍慧 / 摄）

于宁夏的沿线城镇文化旅游产业的发展产生重要影响。从区位的资源分布看，宁夏优势突出。

一是“靠名山”。宁夏境内两座名山是宁夏乡村文旅的重要资源。首先是贺兰山，它绵亘于宁夏的西北部，南北长200多千米，东西宽15~60千米。古人称之为“朔方之保障，沙漠之咽喉”。贺兰山的山脊是我国荒漠草原与荒漠、季风区和非季风区、外流区域和内流区域的分界线。山岭中间，也有一些较低矮的山口，成为东西交通要道。其中三关口是银川通往内蒙古阿拉善盟的重要通道。同时，贺兰山山势巍峨雄伟，既削弱了西北寒风的侵袭，又阻挡了腾格里沙漠流沙的东移，成为银川平原的天然屏障。自古以来，贺兰山在许多文人骚客的文章中有所记载：“贺兰山下果园成，塞北江南旧有名”“贺兰之山五百里，极目长空高插天”。贺兰山的文化历史和自然风光，为宁夏的文旅发展提供了天然资源。其次是六盘山。六盘山古称陇上，位于宁夏的南部，耸立于黄土高原之上，是一条近似南北走向的狭长山脉。主峰位于和尚铺以南的美高山，海拔2942米，山势高峻。山路曲折险狭，须经六重盘道才能到达顶峰，六盘山因此而得名。山腰地带降雨较多，气候较为湿润，宜于林木生长，有较繁茂的天然次生阔叶林，使六盘山成为突起于黄土高原之上的一个“绿岛”，也是宁夏重要的林区之一。无论是自然资源还是文化资源，六盘山都是宁夏乡村文旅发展的重要资源。

二是“住河边”。被誉为“塞上江南”的宁夏平原，海拔1100~1200米，地势从西南向东北逐渐倾斜。黄河自中卫入境，向东北斜贯于平原之上，河势顺地势经石嘴山出境。黄河流经宁夏397千米，形成了丰富的农业资源。自秦汉以来，劳动人民就在这里修渠灌田，发展了灌溉农业。2000多年来经劳动人民的辛勤开发，这里早已是渠道纵横、阡陌相连的“塞上江南”。这里不仅是保障西北粮食供给的重要基地和西部生态安全屏障，也是西北最适宜居住、休闲、旅游的区域之一。

3. 文旅消费市场不断增长

2015年开始，宁夏的各项文旅发展都开始发生长足发展，中南部旅游异军突起，冬季也开始旅游实现破冰。安排1.8亿元投入旅游基础设施，智慧旅游建设全国领先，“厕所革命”取得阶段性成果；乡村旅游快速发展，直接从业人员1万人，带动就业7万人，接待游客371万人次，旅游收入2.69亿元，成为脱贫致富的主渠道；“宁夏人游宁夏”等活动梯次开展，各景区在重大节日让利于民近3000万元，100万群众受益。

4. 其他配套服务快速发展

宁夏在餐饮方面颇具特色，不仅拥有枸杞、长枣、硒砂瓜等多种特色水果，还拥有一系列的特色美食和小吃，分布在市区各个区县内，包括手抓羊肉、蒿子面、清炖土鸡、羊杂碎、燕面揉揉、泾源蒸鸡、固原搅团、黄渠桥辣爆羊羔肉、大武口凉皮、手抓肉等。在酒店和住宿方面，宁夏乡村的民宿、酒店等发展迅速，基本能够满足当前游客的住宿需要。例如中卫近3年来新建和改造旅游厕所125座，新改建国（省）干线和城市道路500余千米，开通新航线4条，公交线路7条。建设了300米见绿、500米见园的城市绿地系统和卫宁黄河生态绿道系统，城区主要街道实现了立体化亮化。构建了智慧旅游服务、智慧旅游管理、智慧旅游营销3大体系，实现了星级酒店、旅游景区免费Wi-Fi的全覆盖。

在消费品服务方面，2017年以来，宁夏各区、县也不断加快区域性建设，完善商贸流通体系，通过抓活动载体、品牌载体，推动消费品市场健康稳定发展。在推动健全产业化方面，宁夏发挥本地产业优势，将农业、轻工业等产业以产品深加工方式连接起来，具有集一、二、三产业于一体的特色，带动运输业，旅游产业，文化产业等相关产业的发展。

5. 长期宣传打造文旅品牌

近年来，宁夏不断推动多平台进行旅游宣传，打造了较好的品牌。一是传统媒体宣传。包括在境内黄金时间以电视，报纸，电脑等广告形式播放宁夏旅游的宣传视频；在境外繁华路段或地标式建筑投放广告；在机场，地铁站，轻轨站，高铁站等公共交通设施投放广告。这些广告的长期投入，对于外省游客的增长具有较高的刺激作用。同时，自从综艺节目《爸爸去哪儿》

连续两季播出宁夏沙波头以来，传统媒体对宁夏文旅品牌的宣传力度提高。宁夏文旅品牌的发展得到了阶段性的增长。二是新媒体宣传平台打造。近年来，通过新媒体平台进行宣传的旅游都取得了巨大的成功。三是传统文化活动推广宁夏旅游，包括举办2018年宁夏冬季旅游系列活动，宁夏推动全域旅游示范区建设，互学互鉴宁夏文化旅游走进亚洲文化旅游展等活动，以现场视听结合方式推动宁夏旅游宣传。通过不同平台的特色宣传，使得游客多途径了解宁夏的风土人情，地域风貌，了解绿色葱茏，稻浪翻滚，鱼肥林茂，瓜果飘香的塞上江南。

（二）面临的挑战

通过研究宁夏乡村文旅协同面临的挑战，进一步分析宁夏乡村文旅协同的缺陷，有利于宁夏乡村要素与文化要素、时代要素更加紧密结合；更好地把握宁夏乡村文化发展的特征；主动对接国家政策、市场需求、人民愿景；更好实现宁夏乡村资源整合，优化产业结构，重塑旅游区域版图，带动经济增长与绿色生态，使得宁夏乡村文旅升级与提质增效。

1. 周边文旅竞争压力大

宁夏尽管有丰富的旅游资源，但缺乏真正有优势、有国际号召力的旅游品牌和旅游乡村。而甘肃的张掖，敦煌，酒泉；陕西的西安、延安、渭南；青海的西宁、格尔木等5A 级景区以及周边乡村文旅的影响力和知名度都强过宁夏，势必会对到西北环线游的旅客形成更大的吸引力，严重影响宁夏的外地游客的流量。据统计，2018年甘肃全年接待国内游客30190.9万人次，国内旅游收入2058.3亿元；2018年，陕西全省接待境内外游客6.3亿人次，旅游总收入5994.66亿元；2018年青海省全年接待游客4204.38万人次，旅游收入466.3亿元。而2018年宁夏接待国内外游客3344.7万人次，旅游收入291.90亿元。可见宁夏在西北市场文旅竞争上还处于弱势地位。

2. 经济支撑作用不明显

宁夏的经济在西北区域内处于劣势，也无法保证支持宁夏乡村文旅协同的全面发展。旅游业的发展需要整个区域经济的发展与支持，尤其是乡村旅游，需要各种相关的基础与配套措施。如宁夏乡村文化旅游的开发与维护，道路、住宿、娱乐等相关设施的修建，宁夏乡村文旅人才的培养，无一不需要强大的经济实力做后盾，因此，并不处于优势的经济地位决定了目前支撑宁夏乡村文旅协同发展的有限性，在发展乡村旅游过程中只能重点把握，采取差异化的，高效益的方式进行。

3. 运营升级需求迫切

宁夏的乡村旅游业还没有实现规模化、市场化，并且缺乏投资与融资，乡村旅游产业资本与金融资本嫁接较差，银行等金融机构与乡村文旅产业对接较差。从西北其他省份的旅游运营经验来看，旅游产业的发展离不开市场机制的运行，只有经济主体之间的良性互动，才能为宁夏乡村文旅的投资与发展输送新鲜的血液，才能更好地促进经济主体间的良性竞争，才能促进乡村文旅主体的经济发展，才能为政府创造更多的地方财政收入。而宁夏乡村文旅协同在资本化、市场化的大背景下主要存在以下方面的问题：一是宁夏本土乡村旅游企业和旅游经营主体整体实力和竞争力弱。乡村文旅企业和旅游经营主体的专业化、市场化、资本化处于落后阶段，经济效益不明显。二是宁夏乡村文旅主要服务本地消费群体。市场经济主体具有很强的流动性特点，而宁夏乡村文旅服务则相对比较封闭，这在一定程度上会流失域外消费群体，本土旅游业还会形成恶性竞争，挤压本土旅游企业的发展空间。宁夏乡村文旅产业起步晚、体制落后、运行机制不灵活、消费群体封闭。

就目前宁夏旅游宣传的现状而言，宁夏旅游宣传主要针对宁夏旅游整体宣传或对相对出名的景点进行宣传，而对于宁夏乡村文旅的宣传以及推广少之又少，同时没有充分利用第三方资源，比如各电视台、媒体平台、策划公司等进行有效宣传。而在选择宣传平台上也相对滞后，对于网络这一新兴平台宣传宁夏文旅运用不够，各种新媒体没有很好地运用，这与西北其他省份对比尤为明显。

二、宁夏乡村文旅协同发展的机会

为了能够不断优化宁夏乡村文旅区域布局、提高文旅协同的发展效能，促进文旅协同的多元化发展，本节针对宁夏文化发展特色和现实环境，深入调研，认为结合宁夏乡村文旅的优势和环境，宁夏未来能够形成“农业＋旅游”“红色文化＋旅游”“康养休闲＋旅游”“非遗＋旅游”“研学＋旅游”“演艺＋旅游”六大发展协同方向。这六个方向，也是未来宁夏文化和旅游的重要发展机会。

（一）深化“农业＋旅游”，推动文旅消费增长

农业＋旅游产业是文旅发展的朝阳产业。通过对农业文化的挖掘，依托农业资源大力发展农业文化旅游，打造精品旅游线路。通过整体展示、活动策划、互动体验、融入休闲，推动传统农村文化精髓贯穿旅游活动各环节。

未来，可以通过打造一批以农业农村原貌展现为主的乡村小镇、乡村果园、乡村博物馆，整合农业旅游景区与周边旅游资源，形成主题丰富、形式多样的复合型旅游产品和路线。可推动乡村文化融入食、住、行、游、购、

吴忠市利通区上桥镇牛家坊农耕民俗博物馆（展帆／摄）

娱等旅游各环节。将农业博物馆，采摘园等文化和实践场所纳入旅游路线，使其成为游客喜爱的农业文化体验目的地、传播宁夏乡村文化的有效平台。通过举办特色农产品展览、节庆活动、演艺活动，将文化企业引入农村文化创意开发，引导文化企业参与旅游产品创意设计和开发制作，盘活宁夏农业文化资源，提升宁夏乡村文化旅游的美学价值与艺术价值。与此同时对各个乡村的差异性的，各具特色的乡村文化旅游资源进行分析与归类，对独具特性的乡村文化进行大力扶持，加快乡村旅游资源的保护性开发，形成更多各具特色的，丰富多彩的旅游资源，推动乡村旅游资源品质的上升和经济的发展。总体上，不断探索农业＋旅游的发展路径，以目前发展为基础，不断提高农业的产业附加值，是宁夏较为可行的发展机会之一。

（二）推动“红色文化＋旅游”促进全面振兴发展

近年来，红色旅游已成为人们出游的重要选择之一。2019年，国内红色旅游的主要客群年龄层已经从60后、70后向80后、90后转移。随着年轻人对于红色旅游的认同感越来越高，随着可自由支配收入和可自由安排时间的增加，年轻旅游者已不满足于传统的观光产品，开始选择具有鲜明地域特色、时代特色、具备丰富内涵的旅游产品。越来越多的年轻人被红色旅游吸引，他们在享受旅游的过程中，更能深刻感受历史进步和时代变化。同时，相关研究的大数据展示，2018年，红色旅游的十大目的地依次是：北京、吉安、上海、延安、西安、嘉兴、绍兴、南京、长春、银川。这些地区的红色旅游景点密集，红色主题相关活动的较多，对于红色文化的挖掘一直在更新迭代。同时，也是智能旅游研发、应用最为活跃的城市。

宁夏的红色文化特色与其他省份相比，已经具有相当独特的优势。目前，宁夏已经有六盘山红军长征纪念景区、吴忠市同心县红军西征红色旅游系列景区、吴忠市盐池县革命烈士纪念馆几处红色景区入选《全国红色旅游经典景区名录》。同时，首条红色旅游风景道主体已于2019年建设完工。该条风景道以固原市区南郊为起点，以六盘山红军长征纪念馆为终点，将隋唐墓群、中庄水库观光区、开城安西王府遗址、青石嘴战役纪念碑、杨岭村、王洛宾文化园等自然、人文旅游资源串联起来，缩短沿线各旅游景点之间及村镇之间的里程，完善固原市旅游环线公路网络布局。该条公路正式运行后，将在六盘山地区形成一个具有地方特色旅游产业带，带动沿线休闲农业和乡村旅游发展，并改变以往旅游中单一的“一路劳顿，为了到达”的模式变为“行走旅游，一路放松”的模式，从而实现旅游、纳凉、休闲、锻炼为一体。

可以说，宁夏乡村在针对“红色＋旅游”的平台打造上，顺应未来红色旅游产品的主流趋势，迎合整体文旅协同发展需求，能够不断完善现有的相关旅游产品，提升服务，在个性化的红色旅游产品中积累口碑，未来一定能够吸引更多消费者的青睐，在全国文化和旅游市场发展中赢得一席之地。

（三）创新“康养休闲＋旅游”，打造文旅新热点

康养旅游近两年来已成为新兴旅游产品，随着国民生活水平的提高以及人口老龄化的到来，人们对于就医、健身、养老、旅游、运动、环保等与健康相关的需求日益增加，发展健康产业，建设健康中国正当其时。据有关数据显示，目前，我国田园健康产业市场还处于初级阶段，在未来五年将扩大10倍，未来市场需求庞大，前景十分广阔。我国保健养生市场每年蕴含高达15000亿元的市场份额，平均每位城市常住居民年均花费超过2000元用于健康养生。

同时，乡村优于城市的生态环境、张弛有序的生活节奏、自然和谐的环境氛围，为发展康养产业提供了基础。在乡村振兴及“健康中国”建设背景下，乡村康养产业方兴未艾，是发展乡村旅游的重要突破口之一。

随着宁夏乡村建设的进一步提高，宁夏的区位优势和自然生态优势将进一步显现。同时，由于市场需求不断扩大，宁夏“康养娱乐＋旅游”的文旅协同方向将在西部地区形成一个风尚标，成为文旅协同的新去向。乡村的食品、空气、自然资源、生活方式等，会不断吸引城市居民前往，成为周末游、短期游、养老游的重要驱动。未来，宁夏须根据自身特色，确定乡村开发类型，根据本地农产品开发系列美食康养；倡导食养、药养、中医养等健康养生，结合养老民宿，发展中长期的家庭养老机构，开发适合作田园长寿文化康养基地，等等。在开放方式上，强化健康养生养老主题，进行多元化开发。以

彭阳县长城村毛泽东长征宿营地（展帆 / 摄）

健康养生、休闲养老度假等健康产业为核心，进行休闲农业、医疗服务、休闲娱乐、养生度假等多功能开发。

（四）活化“非遗+旅游”推动文化创新性转化

“非遗 + 旅游”协同发展，是宁夏未来文化和旅游协同发展的又一重点方向。非物质文化遗产是历史的见证，也是极为珍贵的文化资源。宁夏各族人民在长期的生产实践中，已经创造了特色鲜明、形式多样的非物质文化遗产，例如“花儿”、神话传说、民间器乐、泥塑、戏曲、皮影、社火、节日、民族体育等。但是，随着城镇化脚步的加快，经济和社会的极速变化，我区非物质文化遗产的生存、保护和发展遇到很多新的情况和问题，面临着严峻的形势。许多珍贵的民间艺术日渐衰落，很多优秀的非物质文化遗产后继乏人，因此，采取有效措施，加强我区的非物质文化遗产保护已经刻不容缓。

总之，“非遗 + 旅游”正是保护非物质文化遗产，促进文化资源创新性转化的一条重要路径选择。通过旅游，大力加强非遗传播，提高专业水平，形成相关单位积极支持、各类媒体广泛宣传、人民群众主动参与的传播局面，不仅有利于宁夏乡村文化旅游的特色化发展，也有利于非物质文化遗产的传播和保护。宁夏乡村可以充分发挥各级非遗代表性传承人的示范作用，发挥非遗保护先进集体先进个人的表率作用，在乡村建立多个乡村非遗活化空间，参考国内一些成熟经验，不断拓展和创新“非遗＋旅游”的内涵和形式，将非遗融入宁夏乡村文旅协同，使宁夏乡村文旅发展更具有生命力，竞争力。

（五）推出“研学＋旅游”创新文旅协同新模式

2016年，教育部联合11部委出台了《关于推进中小学生研学旅行的意见》，各类关于游学、夏令营活动受到了广大家长和学生的欢迎，作为文旅协同中的细分领域创新服务，教育属性强、具有固定场所特征的研学教育发展势头强劲。中小学生正处于学习认知的初级阶段，农业、休闲旅游、红色爱国主义教育、文化拓展学习旅游等对他们来说是一个生动的学习途径。研学与旅游的协同，通过一系列丰富多彩的研学活动，不仅能让城市学生感受到自然的美好、体验不同的生活，还能够让学生感受文化的魅力，理解、认同传统文化，并乐于传承传统文化。

2020宁夏黄河流域非遗作品创意大赛作品展杨氏泥塑（展帆／摄）

“读万卷书，行万里路”，传统的教育方式已经不能满足学生综合素质全面发展的需求。体验式教育理念和旅游业的跨界协同，使研学旅行成为市场热点，研学旅行已经被列入义务教育和普通高中必修课。特别是近年来文化＋旅游的时代浪潮推动下，未来的研学旅行甚至会出现许多倍的爆发峰值。宁夏乡村文旅应紧紧把握机遇，通过自身的文化特色和自然优势，参考欧美、日本的研学游经验，开发西部具有特色的“研学＋旅游”课程，不断创新文旅协同的新模式。

（六）开发“演艺＋旅游”不断提升产业链价值

演艺行业的发展对旅游产业链的完善和增值有重要作用。从整体来看旅游演艺、乡村发展、乡村旅游三者之间的关系，其实存在着一种相辅相成、相互促进的一种和谐共存趋势。比如说，白天看古村古建、大漠草原，晚上看实景演出，“白加黑”模式，具有互补性、拉动性，观光景区为旅游演艺带来大量的游客基数，旅游演艺为游客增强了旅游体验、发掘了旅游文脉、丰富了旅游产品、延长了旅游时段。

对于宁夏乡村文化特色而言，歌舞、民俗、语言、社火等有非常宝贵的开发资源，具有广阔的文化土壤。因此，将文化转化为艺术与演出呈现给观众，使观众耳濡目染体验宁夏文化，能够更好地推广宁夏文化，促进文旅的增长。

2019年3月14日，文化和旅游部印发了《关于促进旅游演艺发展的指导意见》（下文简称《意见》）。《意见》着眼于推进旅游演艺转型升级、提质增效，立足于旅游演艺作为文化和旅游协同发展的重要载体，对旅游演艺这一业态的科学发展做出了全面系统的引导和规划。宁夏乡村可根据《意见》，积极创作乡村演艺作品，主动与市场对接，贴近旅游市场需求，打造演艺项目，提升宁夏旅游的产业附加值。

与研学旅行相关的国家政策

时间	国家文件	相关内容
2013年	《国家休闲旅游纲要》	要推进中小学生研学旅行，鼓动学校组织学生进行寓教于游的课外时间活动，健全学校旅游责任保险制度。
2014年	《关于促进旅游业改革发展若干意见》	首次明确了研学旅行要纳入中小学生日常教育范畴。
	《中小学学生赴境外研学旅行活动指南（试行）》	对举办者安排活动的教学主题、内容安排、合作机构选择等内容提出了指导意见，为整个行业活动划定了基本标准和规则。
2016年	《教育等11部门关于推进中小学研学旅行的意见》	将研学旅行纳入中小学教育计划，加强研学旅行基地建设，通过研学旅行促进中华优秀传统文化教育。
	《关于进一步促进旅游投资和消费若干意见》	支持研学旅行发展。把研学旅行纳入学生综合素质教育范畴。支持建设一批研学旅行基地，鼓励各地依托自然和文化遗产资源、红色旅游景点景区、大型公共设施、知名院校、科研机构、工矿企业、大型农场开展研学旅行活动。建立健全研学旅行安全保障机制。旅行社和研学旅行场所应在内容设计、导游配备、安全设施与防护等方面结合青少年学生特点，寓教于游。加强国际研学旅行交流，规范和引导中小学生赴境外开展研学旅行活动。
2017年	《中小学综合实践活动课程指导纲要》	包括研学旅行在内的综合实践活动是国家义务教自和普通高中课程方案规定的必修课程，与学科课程并列设置，是基础教育课程体系的重要组成部分。

第四章　宁夏乡村文旅协同发展的瓶颈

近年来，宁夏文化旅游产业发展取得了显著成效，也有许多特色之处，但与发达地区相比，由于经济基础薄弱，乡村的文化和旅游协同发展也面临着一些现实困难。为了能够更好地回应“如何更好促进宁夏乡村文旅协同”的问题，本章着重梳理和分析了目前宁夏发展乡村文旅协同的现实困境。

第一节　宁夏乡村文旅协同的基础设施问题

文化和旅游协同发展，相应的文化和旅游设施建设是吸引游客，促进整体发展的重要一环。事实上，文化设施、旅游设施、生活设施及公共服务的相应基础性设施是促进文旅协同发展的载体。在国外，已经有许多城市及乡村，通过各类基础性设施的建设，成功促进了文化和旅游的协同。

一、宁夏乡村旅游设施的发展情况与不足

旅游基础设施是指为适应旅游者在旅行游览中的需要而建设的各项物质设施的总称。发展旅游业不可缺少的物质基础。主要包括所有地上和地下开发的建设的设施，如供水系统、排污系统、供气系统、供电系统、排水系统、道路、通信网络和许多商业设施等。增加各种服务设施和开展多种服务项目，

能满足旅游者多方面的需求，也能增加旅游企业的经济收入。

随着乡村振兴战略的贯彻，虽然宁夏乡村旅游设施正逐步发展与完善，但仍然不足。目前，西吉县龙王坝村依托自身的自然资源整合投资1.3亿元建成了百亩梯田景观、高山观光温室果蔬园、窑洞宾馆、民宿一条街、乡村科技馆等，展现了美丽的乡村风貌，这里逐渐成了广大都市游客前来观光体验的好去处。但这种多元化的乡村旅游设施毕竟只是少数几家，并没有在宁夏乡村广泛形成。就连拥有4A 级景区的六盘山国家森林公园其中的凉殿峡景点，设施也是极为单一，游客停留时间短暂，景区没有更多符合游客意愿的旅游设施，在一定程度上影响了游客的体验度。

西吉县龙王坝村百亩梯田景观（秦建军 / 摄）

整体而言，宁夏旅游设施有很多不足之处。一是交通设施薄弱。宁夏的交通基础设施建设总体还不完善，存在诸多问题。[①] 首先是铁路建设问题。目

① 陈楠．宁夏红色旅游资源现状及开发对策研究 [J]. 旅游纵览（下半月），2017（03）：151.

前，进出宁夏的列车多为普快或慢车的“绿皮车”。而根据调研，在2018年的来宁游客中，来自西北地区（除宁夏）的游客占21.20%，其中：陕西为9.12%，甘肃为9.36%，青海为2.24%，新疆为0.48%；来自华北地区的游客占11.59%，其中：内蒙古5.49%，山西1.68%，北京2.29%，河北1.34%，天津0.79%[①]。这说明，外省游客主要选在小长假出游宁夏，但是对这些主要客源而言，比如北京、兰州、青海、西安这些城市到宁夏的铁路时间均为8小时以上，无法适应周边游客周末或小长假出游的需要，给游客造成了较大的影响。至于其他更远的省外游客，交通成本及时间成本更高。其次是航空建设问题。目前，宁夏仅银川市与其他省份有较多航行，而乡村旅游资源基本没有直接的航班，宁夏仅数十条国内航线，可供挑选合适时间起落的航班较少，带来极大不便利。最后是公路交通建设问题。相对而言，宁夏乡村旅游的连接公路较为完善，虽然宁夏将加快构建以快速交通为骨干、连通全国交通网络的综合交通运输体系，着力推进“三环四纵六横”高速公路网建设，由于本区处于西北内陆，经济发展较发达地区薄弱，区域内铁路和公路网分布相对稀疏，交通发达度与中部和东部地区形成鲜明的对比，这在很大程度上制约了宁夏文旅协同的快速发展。

二是基础旅游服务设备不足。由于建设资金严重不足，宁夏的乡村文旅尚处于粗浅开发阶段，资源优势远没有转化为产品优势和经济优势。从全区的开发层面看，相关研究认为，“旅游景点不少处于原始、半原始状态，已开发的旅游景点也是大多老化单一，缺乏震撼性的名牌景点……开发层次较低”[②]。在相关的许多案例研究中，都发现了关于宾馆、公厕、餐厅等的建设不足。

以六盘山旅游扶贫试验区的旅游开发为例，发现当地“旅游接待设施和服务能力不足，游客在当地消费少，停留率低……宾馆饭店等接待条件尚处

① 2018年宁夏旅游经济发展统计公报 [R]. 宁文旅通发〔2019〕31号，宁夏回族自治区文化和旅厅文件，2019年4月29日印发。

② 刘华．宁夏回族自治区生态旅游发展初探 [J]. 黑龙江民族丛刊，2015（05）：70–74.

于初级阶段，短期内难以满足旅游业快速发展的需要”。在宁夏厕所革命的深入推进过程中，自治区的建设目标是："以乡镇街道、集贸市场、文化广场、学校等公共场所为重点，加快乡村水冲式卫生公厕建设。对基础设施较好的地区，推广完整下水道式户厕；对缺水或基础设施不足的地区，推广无水马桶或双瓮漏斗式卫生户厕，力争到2020年农村卫生厕所普及率达85%”[①]。这也从侧面说明，宁夏乡村的公共基础设施目前还严重不足，对乡村文旅的短期发展造成了较大的影响。

二、宁夏乡村文旅公共文化设施的发展情况与不足

公共文化对文旅促进的作用已经得到了多方论证。在大量的空间研究中发现，那些文旅最活跃的空间，往往是蕴含一定价值观的都市设施的组合，而在这样的场域下，往往能够集聚多元的人群、活动并具备持续发展的能力。事实上，公共文化设施除了实现其公益性职责外，还应当肩负引导居民文化消费习惯的养成。

从现实调研来看，宁夏乡镇文化系统的公益性文化单位保存着大量的优秀文化资源。但是，从乡村公共文化设施的建设来看，宁夏总体还只是达到了公益性文化单位建设的基本要求，缺少创意设计和整体的空间开发。

以图书馆为例，公共图书馆基本功能是文献保存和图书借阅服务。在现代社会，图书馆除了教育功能之外，其观赏功能也开始凸显。从宁夏的自然资源来看，“长河落日圆，大漠孤烟直”的西部塞上风光对全国的游客具有极大的吸引力，如何借助以上相关的文化设施，提升小众化旅游，增加已有文化文物单位的观赏功能，对促进宁夏的乡村旅游、全域旅游等均具有重要作用。

---

① 宁夏新闻网 [ED/OL].https：//www.nxnews.net/sz/nxdj/201804/t20180422_4496956.html.

第二节　宁夏乡村文旅协同的市场供给难题

从调研情况来看，宁夏乡村的旅游产业和文化产业仍然处于传统开发阶段。例如乡村旅游业整体发展仍然处于“组团赶路”的景点单线开发模式，缺少小众的个性化体验式旅游，旅游景区内缺少创意产品，景区缺乏配套设施，使游客难以深度体验；非物质文化遗产、传统历史街区保护等工作仍然以政府为主导，缺少丰富的活化路径，文化开发往往缺少资金支持，难以创新等。总体来看，目前宁夏的旅游和文化协同发展亟待“两个升级”。

一、旅游文化产品有待升级

早期的旅游盈利点主要以旅游景点的门票销售，旅游景点内的旅游产品以小吃、旅游纪念品和景点拍照等相关服务为主。许多景区的销售产品千篇一律，产品附加值低，不能产生较好的盈利。总体来看，宁夏乡村目前的旅游文化产品升级主要有两个方面：一方面需要提升旅游产品的文化内涵。随着人民对旅游中文化内涵期待的提升，旅游景区文化产品的需求量在不断加大。在文旅协同的大背景下，旅游业态和产品竞争力最终体现为文化的竞争力，而文化在很大程度上要凭借旅游产品这一路径推介和传播出去，只有把旅游与文化二者紧密结合起来，旅游业才能加快发展步伐，文化产业发展才会保持可持续性。例如目前多数乡村旅游开发中，有许多的农业 + 旅游的开发形式，特色农业发展、农家乐的开发十分密集。但是，这些特色农家乐的本身文化内涵却有所不足。在餐厅中，除了特色饮食，体现民风民俗的互动项目少之又少，加之缺少历史、故事等“文化大餐”作支撑，使得生态游缺乏文化个性。另一方面需要开发系列文化创意产品。游客从景区旅游，带走的是情感与记忆，同时也有旅游商品、产品能持续推广营销景区。目前，宁夏乡村的文化产品普遍缺少创意设计，加工粗糙，很多文化产品在专业化设计、精细化生产环节仍然较为薄弱，产品的创意水准较低，未能实现最大化的市场价值。

二、文化和旅游体验方式有待升级

除了销售产品、旅游景点观光之外，宁夏乡村文旅协同还需要多元化文化和旅游的体验方式。首先是文旅体验项目需要创意升级。由于传统的文旅体验不能更好地满足现代消费需求，因此需要运用创新的思维拓展文化产品的表现内容。目前，由于自治区生态旅游资源没有得到深度开发，致使游客可参与项目不多。“旅游内容单一，而且现有的仅限于参观，没有参与性，没有对游客形成很强的吸引力”，进而出现“三十分钟爬山，一分钟观看”的乏味现象。就遍布全区的农家乐而论，在项目建设上同样“缺乏特色，相互模仿，没有创意”①。因此，还需更多地加入现代风景与自然风景的融入。其次是文旅体验手段需要进一步与科技协同。最后，乡村文旅体验需与现代娱乐相结合。宁夏乡村目前的旅游项目较少与现代娱乐活动等相结合，可以考虑一些流行的娱乐项目或者娱乐节目，增加文旅的趣味性。

总体而言，为了更好地挖掘宁夏乡村特色文化内涵，可多举办一些具有民俗特色的活动。改变项目单一的现状，优化项目活动。发挥创意，体现项目的独特性，可定期举办相关设计比赛，调动公众的积极性。

第三节　宁夏乡村文旅协同的消费市场拓展问题

文旅消费是拉动消费、扩大内需、推动经济转型升级的新引擎。

宁夏蕴含丰富的文化资源，扩大文化消费既可以满足居民个人精神文化

---

① 刘华．宁夏回族自治区生态旅游发展初探 [J]. 黑龙江民族丛刊，2015（05）：70-74.

消费需求，也可以借此改善社会文化氛围，增强省域文化生产力竞争力和综合实力。但是，在目前宁夏乡村文旅协同的发展过程中，文化消费与其他省区的乡村相比较仍然处于弱势。

一、缺乏有绝对核心竞争力的旅游文化产品和业态

从文旅产品的内容来看，宁夏乡村的农副产品较多，本身具有较高的质量和发展潜力，但是这些产品不宜携带，附加值低。同时，整个地区缺乏农副产品的集约化组织及生产机制，未能形成产品的集约化生产、设计、推广，以帮助游客将例如大米、西瓜等农副产品“带走”，从而起到宣传的目的。

从文旅产品开发来看，宁夏乡村也没有做好在继承的基础上进行文化创新工作。在贵州，当地乡村依托贵州传统刺绣文化，组织农村妇女生产刺绣产品，并引进大量设计机构对产品进行创意设计，就获得了较好的经济成果。未来，宁夏乡村仍需从自身文化入手，不断提高产品的创意设计，为自己找到核心的竞争产品。

从文旅产品的业态来看，宁夏地区经济能力本身不具备竞争优势，整个产业的产业链也相对单一。整体来看，宁夏乡村文旅发展缺乏专业机构和生产企业设计、开发和生产，未形成旅游商品生产基地和旅游商品批发市场。

二、市场开发度低，宣传力度不足

搭建乡村文旅平台，讲好乡村故事，能够提高乡村的竞争力和知名度，并使其在趋同化的乡镇发展进程中脱颖而出。宁夏乡村的宣传设计与规划包含多个层面，整体在三个方面有待提高：一是围绕乡村的文化活动及其节庆宣传不足。二是缺少现代科技和传媒技术与乡村故事的协同。目前，抖音、哔哩哔哩等现代传媒平台成为城市故事的讲述者。2018年西安旅游发展委员会与抖音用短视频来向全球传播优秀传统文化和美好城市文化，视频仅上线3天，就获得了近30万的流量；重庆的洪崖洞、厦门、凤凰古城等通过网络营销成为“网

红城市”，都获得了很好的城市营销效果。而宁夏乡村的文旅宣传方案及规划较少，也缺少专项投入。三是品牌建设规划支持有待提升。由于许多基层设想层级较低，推进相对缓慢，有的难以得到上级支持，因此品牌建设相对缓慢。2003年贺兰山东麓获得国家地理标志委员会的“葡萄酒国家地理标志产品”保护区认证，成为继河北昌黎、山东烟台之后，第三个获得葡萄酒原产地保护认证的产区，但是生产的品牌红酒并没有像法国波尔多红酒那样在商标上标注产区，缺少对宁夏贺兰山东麓葡萄酒品牌推广，甚至很多宁夏当地人并不知道这些名牌葡萄酒产自宁夏。总之，较好的旅游市场的开发力度和宣传力度对宁夏乡村文旅协同来说具有重要的推动作用。

罗山酒庄一隅（展帆／摄）

目前，宁夏旅游业的知名度不够，营销力度也不够。主要原因还是只使用一些传统媒体做宣传，除了沙坡头、沙湖、镇北堡西部影城这几个具有代表性的景区外，多数景点缺少足够的国内知名度。根据网络调研，目前90%的出游游客会通过网络和手机客户端进行相关数据搜索，50%以上的游客通过在线及手机客户端预订旅游产品。宁夏各类文化消费和旅游销售仍然依靠传统的旅行社和广告推广，因此整体旅游发展在全国的激烈竞争中处于劣势。虽然宁夏开发了一些特色文化产业博览会、艺术节、节庆等，但是没有了解消费者的实际需求，起到拓展文化、旅游产品销售服务渠道的重要作用。

此外，目前宁夏乡村的旅游网络还没有能力提供个性化的私人定制服务，做不到智慧旅游一对一，纵观其他智慧旅游网站的建设，不仅提供个性化定制行程，而且推出支持游玩后付款的服务，非常注重游客体验，售后服务完善。相比之下，宁夏的旅游网络建设仅仅将线下的服务在网上接受预订，服务项目单一。

在文化产品方面，很多文化企业，特别是手工艺生产企业采取的依然是传统的家庭作坊式生产和门店经营的方式，没有充分利用互联网等现代传播途径和技术拓展文化产品的销售服务渠道。就农产品而言，也还没有形成良好的外销渠道。整体旅游线路的规划、产品的推广等，仍然需要政府部门重点统筹，投入一定的资源，并且广泛联系社会，才能够多元化发展文旅的相关营销，促进产业的兴盛。

第四节　宁夏乡村文旅协同的政策环境问题

从宁夏乡村文化和旅游的调研来看，目前文化旅游产业的持续健康发展依然面临着资金、人才、土地、区域发展协调、管理体制机制等方面的制约，需要进一步健全相关体制机制建设。例如：现有的投资、融资机制未能适应宁夏乡村文化旅游产业开发需要，资金缺乏成为制约宁夏乡村文化旅游产业发展的瓶颈；宁夏乡村文化旅游产业发展所需的专门人才较少，尤其缺乏规划设计、管理和营销、服务等方面的高层次人才等问题，都给宁夏乡村文旅协同发展造成了较大的障碍。从短期看，宁夏乡村文旅协同不足，会使文化旅游产业结合度较低，从长期而言，则会影响乡村各方面的发展。

一、文化旅游产业融资机制亟待建设

为了更好地完成文旅协同发展的目标，宁夏不断创新理念，增加了对文旅产业发展的财政资金支持，加强了与金融机构的合作，加大了文化旅游企业的融资力度。但是，受限于宁夏文化产业规模小、优秀项目资源缺乏、市场狭小等因素，社会资本进入文化旅游产业的驱动力不足，文化旅游产业融资渠道主要以银行贷款为主，专项债券等融资工具较为缺乏，还没有建立起完善的文化旅游产业投融资体系。

对于乡村而言，文化旅游产业的建设都需要大量资本的支持，因此发展更需要大量的投入，以弥补设施、开发、设计等各个环节的资金需要。但是从宁夏整体的发展来看，目前，文化旅游产业专项资金的支持力度有待加强，资金支持效果有待进一步考核，支持制度有待进一步设计。事实上，金融机构对文化旅游企业的支持主要依赖于政府的推荐，而乡村一些草根类、初创类文化企业、旅游企业可以获得的支持较少，金融给予文化旅游企业的信贷额与文化旅游产业的发展速度很难匹配。

二、人才持续供给不足

有数据统计，到2014年，宁夏有导游证的服务人员只有3000余人，中高级导游和涉外导游主要集中在银川市，其他四市旅游人才十分紧缺。近年来，宁夏导游队伍虽然成长稳健，但至2017年初，在册导游从业人员才超过4000名[①]。同样，受限于文化旅游产业人才缺乏的现实，在新媒体催生、电子游戏研发、数字技术应用等新兴文化产业发展方面相对滞后，新业态协同发展慢，对文旅协同发展造成很大影响。

对于乡村文旅而言，有三类人才亟待培养与引进。一是设计规划人才。必须不断寻找高素质的规划设计人才，尤其是既懂得民族历史文化、民风民

① 银川市人民政府门户网站【ED/OL】.www.yinchuan.govcn2017-3-10.

情又懂得规划设计、环境保护、农学、体育等专业知识的复合型人才。二是管理人才缺乏。宁夏从事农家乐旅游项目的人员主要是当地农民，他们不但文化水平不高，而且没有接受过任何专门培训，既缺乏经营管理方面的知识，也缺乏经营管理方面的经验，导致管理比较粗放、涣散，服务不规范，服务质量不高。三是缺乏服务人才。在宁夏乡村的旅游开发中，许多人员没有接受过专门培训，文化专业知识不足，服务能力不是很强，服务态度不很端正，服务质量不是很高，由此直接影响了宁夏乡村文旅总体实力的提升。

更为重要的是，宁夏还没有建立起完善的文化旅游产业产、学、研发展体系，文化产业园区、众创空间、孵化器等建设还没有实质性的落实。一些大型企业也没有开展相应的文旅人才培养及相关文旅开发研究工作。政府管理者、社会企业家对文旅产业的认识和了解不足，文化产业多渠道多领域的宣传培训有待进一步加强。高端创意人才短缺，文化产业国际交流途径有待进一步拓展。文旅产业人才引进困难，相关人才引进难、留下难，高层次经营管理、专业技术类人才明显紧缺，高端复合型人才更是严重缺乏。宁夏乡村文旅协同要出现实质性的提升，政府从各方面给予政策支持。

第五章　宁夏乡村文旅协同发展的策略

第一节　宁夏乡村文旅协同发展的总体原则

文旅协同发展是宁夏未来整体经济、社会和文化发展的重要依托。不断推进文旅协同发展，实现高质量发展目标，能够为全区乃至全国提供优秀文化和旅游产品实现全域旅游示范区建设，形成宁夏区内的大文化、大旅游、大协同、广覆盖的文化和旅游发展新格局。乡村文旅协同，也将会对宁夏文旅协同发挥十分重要的作用，对乡村的总体发展起到推动作用。

目前，宁夏乡村正处于高位发展的机遇期，促进文化和旅游协同，全面提升文化旅游发展的质量、水平和效益，是提高乡村吸引力的重要抓手；是实现新旧动能转换，促进经济转型升级、推动经济社会高质量发展的需要；是优化整体空间布局，提升乡村发展能力的重要指引；也是宁夏实现资源效益最大化，下一步与其他省份竞争发展的重要筹码。

大海航行靠舵手。在这个重要发展机遇期，不仅需要了解乡村文化和旅游协同的内涵和特质，更需要综合研判，综合宁夏乡村的发展情况，进一步回答，我们理想中的乡村应当是什么样的？我们希望通过文旅协同，建设一个什么样的乡村空间？它是如何承载乡愁，如何寄托未来乡村发展的方向，如何坚守乡村文化，又如何孕育和发展新的文化？在本节内，我们将提纲挈领地提出宁夏乡村文旅协同的发展原则。

一、坚持文化为魂，鼓励创新驱动

文化是乡村的魂，创新是发展的脚。在乡村的文旅协同中，“坚持文化为魂，鼓励创新驱动”一定是一条根本性原则。

一是文化为魂。乡村的背后，往往藏着一段又一段悠远的历史，藏着千万朴实的人物，藏着许多斩不断的情怀。村庄的格局布置，往往是千百年择优而居的生存状态；聚落的形式，多数有一个或者多个家族（民族）的历史。俗话说得好，“百里不同风，十里不同俗”，在乡村人独特的生活方式中，形成了不同的生活习惯和饮食习惯。凡此种种，往往是乡村文化最为迷人之处，最具有文化的吸引力和文化的引领能力。

由于城镇化速度日益加快，乡村的特色往往成为一种表象，被粗暴放大和赋值，塑造出了一种“假乡村”的表象，许多乡村处于“千村一面”的尴尬境地。根据研究，我国城镇化率每年大概提高1个百分点。截至2017年末，城镇化率达到58.52%，这一城镇化率统计的是常住人口，户籍人口城镇化率只有42.35%。这意味着，虽然城镇化发展举足轻重，但是乡村仍然在中国的发展中占据重要位置。不仅如此，城市现代化高速发展造成传统乡村文明加速坍缩，乡村空心化、文化断层的现象普遍存在，城乡结构的变化、人的迁徙、留守儿童、不同生活环境的文化冲突，建设积极良好的乡村文化体系迫在眉睫，迫切需要我们加强并找到适当的乡村文化建设路径。有数据显示，近15年来，中国传统村落锐减近92万个，村落为保护发展，多数开始了商业化发展之路。“复制粘贴”的工作方法，导致了村村一样的建筑、一样的饮食、演绎同样的故事，乡村开始逐渐丢失了原有的独特风味。

与全国相比，宁夏的文旅协同正处于起步阶段。汲取其他乡村地区的经验教训，想要更好地保护好宁夏乡村独有的特点和文化特色，又高效促进文化的发展和乡村建设，必须以文化为最为核心和本质的基础。这样，才有机会在文化旅游市场中脱颖而出，才有机会保护好“乡愁”，坚持住“乡土味”。

二是鼓励创新驱动。随着时代发展，我国社会主要矛盾已经由人民日益增长的物质文化需要同落后的社会生产之间的矛盾转化为人民日益增长的美好生活需要和不平衡不充分的发展之间的矛盾。社会主要矛盾变化呼唤文化创新，人民需要也呼唤文化创新，文化创新刻不容缓。对于乡村的文化和旅游而言，因循守旧的发展模式也很难适应飞速的现代化、城镇化要求，很难满足当代文化消费的整体需求。因此，必须采取更加多元化的生产、展示和保存手段，让乡村文化真正“活起来”。

例如在甘肃青城，为了让更多的居民和游客重视古城文化遗产的保护，减少商业化的仿修仿建，古城积极提高居民，尤其是青少年的保护意识，促进其了解古建筑及社区历史文化知识，通过“全民导游计划”的项目、“听爷爷讲河口故事”和儿童版语音二维码“我家的老房子”等多种创新性保存手段，将居民和古城保护紧紧联系起来，协助和指导当地居民开展创意设计和推广活动，实现古村落文化自身内涵的传承、保护与分享，提高古城软实力，助力古城旅游健康发展。

从宁夏的发展来看，推动非物质文化遗产、文化遗产等乡土文化遗传与旅游跨界协同，全面树立文化资源在协同发展中的核心引领地位，强化创意创新在文旅产品设计、文旅经营模式、文旅市场拓展等关键环节的核心驱动作用，对宁夏的乡村文旅发展具有指导性意义，对于宁

2020宁夏黄河流域非遗作品创意大赛作品展羊皮筏子及文创产品（展帆/摄）

夏乡村实现因地制宜，立足区位特点，走特色化、差异化发展道路，实现品质开发、优质开发、高质开发，深入挖掘文化内涵实质，具有重要的作用。

二、坚持品牌建设，彰显地域优势

为更好促进宁夏乡村市文化品牌消费，加强旅游集散功能，提升生态旅游影响力，需要推出一批内涵深刻、主题明确、双效合一的文化旅游品牌产品和服务。根据调研，在宁夏的多数的乡村文旅开发中，主要集中在比较单一的垂钓、采摘、餐饮项目上，项目开发浮于表面，缺乏创新设计和深度加工，文化品位不高，产品城市化倾向普遍，乡村气息不浓，对城市消费者吸引力较弱，需求受到抑制。

为此，在未来的乡村文化和旅游发展过程中，缺乏明晰的品牌形象是重要问题。良好的文化品牌不仅能够带来大量的游客，更加能够加深乡村对人的影响能力。为更好扩散宁夏乡村的文旅品牌，彰显区域优势，至少应当坚持如下两个原则。

一是坚持品牌建设。要保证乡村具有丰富的文化旅游路线和旅游产品，为文化和旅游的协同提供平台，体现文化的多样性，创造一个鲜明的文化旅游个性和独特的形象，为品牌塑造坚实的载体。在这方面，可以更多地借鉴国外的一些做法。例如在西班牙发展乡村文旅的过程中，就着力打造乡村文化的集聚竞争力和特色的文化旅游品牌。西班牙多个乡村及城镇共同推出了圣地亚哥之路、白银之路、堂吉诃德之路等文化旅游路线，并着力塑造“西班牙品牌”。意大利的“Easy Italy”品牌，“意大利魔幻之旅”品牌等，重新向世界展示了意大利乡村的独特风情。

二是加强乡村间的区域联合。以文化为桥梁实现各区域之间旅游的协同发展，凸显集聚效应，能够产生较好的整体品牌效应。世界许多乡村在发展过程中，都意识到文旅品牌的重要性，十分重视资源整合、市场开发和不同区域之间的文化互补。坚持实施区域整合，产生文旅集聚效应。重要旅游区域都有意识地进行文化旅游的区域整合，根据地理环境、交通条件、文化资源等不同方面整合文化旅游项目。这不仅产生了文化旅游的地理性集聚和协作性网络关系，也推动了整体的品牌效应、创新能力和竞争力，从而产生规模收益。比如，意大利国家旅游主管部门对卡拉布里亚、坎帕尼亚、普利亚及西西里岛四个区域进行了旅游整合，发展文化海滨旅游，提高区域旅游辐射力；闻名世界的法国普罗旺斯是64座具有自身特色和产业的城市和乡村小镇的聚集区，以薰衣草旅游为核心，相互关联和互补，形成了竞争优势，吸引了大量旅客，形成了完整的产业链和巨大的经济效益。

总之，为更好促进宁夏乡村的文化品牌消费，加强旅游集散功能，提升文化旅游影响力，需要推出一批内涵深刻、主题明确、双效合一的文化旅游品牌产品和服务。要始终坚持以精细化、艺术化、专业化的服务供给，在国内和国际市场上赢得“宁夏乡村品牌”的美誉；要不断推动科技与文旅的协同，在文旅协同的内容表现方式、服务供给方式、商业盈利模式和要素运作模式上实现自主创新、集成创新；要坚持特色发展，强化特色经营、特色产品、特色服务，大力培育“精、特、新”的文化旅游产品。

三、坚持区域统筹，推动资源共享

对多数乡村而言，可以调动的资源和公共设施较少，人才供给不足，创意发展较慢，都是亟待解决的重要问题。尤其在宁夏的乡村发展中，由于西部地区发展较为落后，更需要通过合理化产业分工，推动资源跨区、跨域、跨界协同。统筹整体资源的开发，通过区域联动发展，推动各项资源和要素的共享，提升城市的发展能力和资源协同能力。因此，需要不断坚持区域统筹，推动资源共享。

一是要坚持区域统筹规划的原则。乡村的经济发展能力弱，更需要借力打力，通过全区的统筹规划逐渐实现发展战略。目前，宁夏需要进一步将“乡村振兴战略”“特色小镇发展”“脱贫攻坚战略”等战略发展进一步整合，综合《宁夏回族自治区空间发展战略规划条例》，稳步完成以“沿黄城市带”“清水河城镇产业带”和“太中银发展轴”“银宁盐发展轴”为纽带，以“山水沙林”

生态资源为依托的乡村发展战略。乡村可以更多地与城市优势资源靠拢，进一步将“田园生活”理念渗透到城市中去，为乡村文化的复兴打下基础。同时，可以将特色小镇创建放在实现乡村振兴、打赢脱贫攻坚战等大格局中谋划，积极促进特色产业发展与特色小镇建设有机结合，通过特色小镇的“特色”经营，加上旅游业的强劲带动，有效确保群众就业有保障、发展有前景。

二是推动区域间的资源共享。从地理空间上来看，宁夏的乡村发展能够与城市形成较为紧密的联系。因此，在发展过程中，应秉承从实际出发，遵循客观规律，加强统筹协调的原则，加大城乡之间的资源共享。例如通过“互联网＋文化”“互联网＋旅游”，推进数字化管理全覆盖，完善医疗、教育和公共服务设施，提升乡村文旅的综合配套服务能力，逐步实现乡村生产、生活、生态空间的有机协同。再例如推动城乡人居环境持续改善，通过包括养生公寓、养老别墅、田园度假村落、乡村四合院、主题庄园等多种形式的资源投资，不断满足城市居民对乡村生活的追求和向往，为城市居民提供乡村生活方式等。总体而言，需要统筹精准锁定每个乡村特色产业发展的主攻方向，积极推进大众创业、万众创新，推进乡村与企业、居民协同发展，实施差异化的“吃、住、行、游、娱、购、学、养、思”特色项目带动特色农产品、特色工业品等生产销售。坚持把文旅产业发展规划与经济、社会、城乡总体、土地利用、生态建设与保护进行有机衔接。各级文化和旅游行政部门要协调相关部门和方面，实现资源要素开发利用、产品服务供给保障、基础配套和公共服务建设等配合工作。解放观念，开放资源，实现资源、数据、技术、人才等要素共享。

四、坚持公共空间功能协同，推动文旅集聚

功能协同，也就是文化与旅游业的产品和服务之间各自功能的相互协同与拓展，它可以丰富其产业形式从而延伸产业链。在区域旅游经济的发展中，发展文化旅游已不单纯是一个产业问题，还要考虑它与地区的社会功能以及当地居民的生活需求相结合的问题，最终实现生存功能、审美功能和经济功

能的有机统一。

从宁夏文化与旅游的发展特色来看，许多文化产业等都具有一定的相似性。因此，为避免出现“千篇一律”的文化开发和文化建筑，更好地与当地特色相契合，需要坚持秉承空间功能协同发展的原则。

例如进一步加强乡村公共文化服务设施与旅游功能的协同。以大理周城的博物馆建设为例。博物馆由“扎染源流”“扎染世家”“珍品展示”“繁花似锦”“琳琅满目”“活态体验展示”等展厅组成，将周城300多年扎染历史以展板、影像、实物陈列和体验制作等形式呈现。据不完全统计，每年来这里参观的中外游客达18万人次，有近一半的游客会参与制作体验。平均每天接待参观体验的旅游团、学生团体在25个左右，旅游旺季每天接待60多个团组。对宁夏而言，通过公共文化馆、博物馆等公共文化空间的建设，能够更好地推进文化和旅游的集聚效应，有效地扩大产业链，从而整体达成乡村文旅协同的期待成果。

总体而言，优化配置，补齐短板，充分发挥乡村各类公共空间的功能作用，能够实现文旅产业、人群、空间的集聚效应。因此，需要建立以自然生态、历史文化、地域文化为主导的文化旅游发展带状布局，形成文旅协同的集群化、规模化、联动化发展效应。

五、坚持开放合作，项目驱动协同

乡村文旅的协同发展不能仅仅局限于国内。宁夏地理风貌特殊，如沙漠赛车、音乐节、马拉松、攀岩等，都能够很好地与宁夏的地理风貌契合。同时，宁夏的文化对“一带一路”的阿拉伯国家也有很强的吸引力。根据研究，入境旅游已经进入了快速发展阶段，2018年，全区接待外国游客3.43万人，同比增长35.09%。这说明，宁夏旅游正在逐渐从小众走向大众，正进入旅游消费市场与旅游投资要素市场双向互动、良性循环的新阶段，蕴含着巨量的投资空间和潜力。

因此，在开发的过程中，应当更加努力地抢抓目前各类政策利好，不断推进文旅产业走出去，强化龙头集聚产业，以项目扩大招商引资。进一步扩大文化和旅游协同领域的开放范围，逐步打开海外文旅市场。利用国际表达，讲好宁夏乡村故事，做好“引进来”，推动“走进去”。以机构改革为契机，以市场资源配置为主导，推动文化和旅游工作各领域、多方位、全链条深度协同，让社会资本和民间力量更多地参与到文旅项目的建设中，营造和谐共创的发展格局。

在发展过程中，可以试行通过一些小众现代旅游体验吸引国外消费者。深耕国际旅游者的现代消费心理，研究入境文化旅游市场产品偏好，创新推出文化体验旅游、商务会展旅游、国际文化节庆旅游、国际会议赛事旅游等高端旅游产品，提高宁夏乡村对这些深度旅游的承载能力，打造入境旅游市场消费新热点。塑造入境文化旅游新支点，打磨品牌，提升现有旅游节日、庆典、比赛、交流活动的国际化水平，提质扩容，办好已有大型国际文化品牌活动。开放包容，吸引大型国际文化旅游活动落地宁夏乡村。

依托宁夏一些海外文化中心、海外贸易中心的建设，在主要文化旅游国际客源地实行精准营销战略。借力自贸区建设政策红利，推行“区域联动、部门联合、企业联手”的大旅游营销模式，培育一批国际文化旅游消费中心，充分利用离境退税政策，推出特色国际旅游购物线路，推介具有传统文化内涵的特色旅游商品，促进出境消费回流。

第二节　宁夏乡村文旅协同发展的策略

文化与旅游的协同在统筹文化事业、文化产业与旅游产业协调有序发展，全面深化改革，适应经济转型、满足人民美好生活需要以及整合社会资源、激发创造活力、实现资源效益最大化方面均具有重要意义。探索文化产业、文化事业与旅游业协同发展，基本要求是打破体制机制障碍，消除原有行业疆界，做到以文促旅，以旅彰文。在国家体制机制改革的大背景下，宁夏乡村的文化和旅游协同已经成为未来发展、产业转型、经济升级的重要抓手，必须抓住这一历史性机遇，深化体制机制改革，从思想上认识到发展的重要性，并及时提出相应的思路及举措。在充分研究宁夏乡村文旅的现状、问题、发展机会等问题的基础上，本节将对未来宁夏乡村文旅的发展走向作出一定的回应。

一、转变文旅经营模式，向更高程度市场化转变

在乡村文旅协同发展过程中，一个重要问题是，文旅协同发展的进度过于缓慢，以独资或家庭小作坊经营方式为主，市场化程度不足。因此，需要更多的社会力量和资本参与建设，带动文旅协同的快速发展。近年来，财政部、发展改革委相关部门均出台了一系列专项债券相关指导性和规范性文件，江西、山东、河北、四川等各地也创新探索，通过专项资金方式解决重大项目建设问题，成功发行了乡村振兴专项债券、高标准农田建设债券、文化旅游专项债券、红色旅游专项债券、乡村振兴示范项目专项债券、旅游扶贫开发建设专项债券等。在多地的创新性探索下，宁夏各级政府及平台企业应当把握和利用专项证券利好政策，解决乡村振兴及文旅协同项目的融资问题，提高文旅协同的市场化程度。具体而言，有以下几个层面需重点关注。

一是密切关注国家和地方的相关扶持政策。自2006年开始，国家的中央一号文件对休闲农业表现出高度重视与关注，国家到地方，多个部门都从不同方面对休闲农业的发展提出了扶持与鼓励政策，包括贴息贷款、扶持资金等。对于宁夏而言，乡村本身发展经济实力较弱，休闲农业项目的经营者多为当地农民，可通过政府、专业咨询机构、相关网站媒体等信息渠道，密切关注政策变化，并根据政策要求，准备申报材料，尽量争取政府资金支持，解决部分项目开发资金问题。加大旅游扶贫投入，通过景区带村、能人带户、合作社＋农户、企业＋农户等方式做实项目，打造农旅协同品牌，创建旅游

红寺堡博物馆丝路使者德化陶瓷文化艺术展厅（展帆 / 摄）

扶贫示范区、示范村，星级农家乐，加速生态休闲旅游发展。

二是引进大型项目，招商融资。在“国家级贺兰山东麓旅游度假区”“黄河名胜旅游区”等品牌项目的开发中，设立若干个项目，并制作单个项目的商业计划书向区内外的社会资金进行招商，转让项目开发经营权，获得资金用于基础性项目设施与其他项目建设。同时，可以考虑众筹发展，进行在线的资金筹集，使游客变成投资人，既是项目推动者，也是参与者，提高品牌建设的效能。

三是创新投融资方式。在开发中，设立若干个项目，并制作单个项目的商业计划书，按照投资界规范的要求、准备招商材料，依据招商材料向社会资金进行招商，转让项目开发经营权，获得资金用于基础性项目设施与其他项目建设。可采取股份制改革独立融资、上市融资的方式，较小型的项目可采取互助联保式小额股份融资、员工持股等方式。互助联保式小额股份制融资是指农户以土地使用权、固定资产、资金、技术、劳动力等多种生产要素投资休闲农业项目，以互助联保方式实现小额融资。

在创新投融资方面，也有一些具体举措可以参考。

（1）创新金融投资体系。政府需要搭建平台，创新投融资体制，加快旅游投资开发，推进产业发展。例如：在金融贷款的手段方面，长沙的马栏山文化产业园区，提供文化产业基金，支持企业上市挂牌发展；南京环南艺术集聚区创新文化金融体制，推行金融服务平台 + 成果转化平台 + 投融资退出机制，为小微企业发展提速；杭州白马湖生态创意城积极创新知识产权质押贷款、基金宝、银投联贷等方式，有效缓解了企业融资难问题。在信用体系担保方面，北京市文化产业创新实验区，成立了全国首个文化企业信用促进会；与北京股权交易中心签订战略合作协议，加大对优质文创企业的扶持力度。横店影视城园区内成立了影视文化人才培训基地，实验区管委会联合金融机构为入区企业融资贷款提供服务，为企业提供担保，解决了许多企业的难题。

（2）创立文旅发展基金。依托宁夏已有的文化投资集团，积极筹建旅游发展基金，通过政府和社会资本合作的模式，发起设立产业基金、发行债券、资产证券化等方式多渠道筹集建设资金，加速旅游投资开发。同时，加快对大型文旅项目的投资和对接。活化改革体制机制，容许国有旅游景区能够与其他民营资本多元对接，完成整体的配套设施、产品开发、旅游营销等投资建设。

二、加快乡村文旅协同产品的生产与供给改革

1. 促进文化创意产品与旅游商品协同

旅游商品是旅游购物资源的核心，也是提高旅游附加值，增加收入和就业机会，振兴文旅产业的重要手段。围绕宁夏乡村多种知名文化品牌和旅游资源，开发具有当地传统特色和艺术内涵、具有创意的文化创意旅游商品，不仅可以满足游客的购物体验需求，还能够极大地提高宁夏的文旅产业附加值，促进文旅产业集聚，并且起到良好的传播效果。具体而言，可以考虑以下几个方式：一是开发宁夏乡村文旅礼品系列产品。参考故宫博物院及国外一些地区的文创开发模式，与多家文创设计企业联合合作，打造一些经典的

宁夏品牌“伴手礼”，让人们在来宁夏的旅途中，留下美好的乡村形象回忆，丰富宣传推广的手段及内容。二是引导及鼓励知名品牌开发与乡村相关的衍生品。宁夏的葡萄酒等已经具备品牌知名度，需要搭载其品牌的传播力量，加大衍生产品的生产和销售。三是以文化扶贫为切入口，重新设计及包装农副产品。宁夏农副产品较多，本身具有较高的质量和发展潜力，但是这些产品不宜携带，附加值低。应集合相关的农副产品生产者，形成产品的集约化生产、设计、推广，帮助游客将大米、西瓜等农副产品“带走”，从而起到宣传的目的。可由相关部门主持，设定一定扶持资金作为引导，联动宁夏大型文化企业，并积极引进先进乡村的文旅设计机构，充分讨论，形成系列产品。

2. 加强文化活动与旅游项目的协同

乡村的文化活动，如节庆，民族节日、演艺，读书会，音乐会等都是丰富旅游层次，提高旅游参与性的重要载体；独特的文化活动也是地域文化、民风民俗最集中的表现。下一步，应当围绕宁夏的生态休闲和文化品牌，深入研究讨论，组织相关专家设计一系列时尚、娱乐性强、具有高参与性的文化活动。让每个季节或者每个月份来宁夏的游客都能产生新的文化体验和休闲娱乐，对

柳泉乡永新村民宿一条街（展帆 / 摄）

一些优秀戏剧、话剧、舞台剧等，也需要适当引进。如，可围绕生态休闲为主题，开办雅集、诗酒、绘画等，形成具有竞争力的文化辐射；应突出地域、文化、生态特点，承办汽车越野、热气球、攀岩等全国性、国际性体育赛事、文化交流活动，推动体育旅游、文化旅游、低空旅游、音乐旅游等新业态发展；开发特色主体文化体验点，形成参与性互动，利用当地的地域文化、民俗风情、非遗传承等，将无形的文化组合转化为有形的文旅体验产品，使游客能够更好地体验和互动。

3. 促进乡村文旅产业与科技深度协同

从目前的文旅产业发展趋势来看，科技已渗透到文旅产品创作、生产、传播、消费的各个层面和环节，在文旅产业中日渐发挥重要支撑和引擎作用。从景区及乡村项目开发环节来看，亟待通过外包合作等多样化合作方式，引入无人机、3D 打印、声光电等技术手段增加旅游项目的参与性、体验性和趣味性；对于一些非物质文化遗产的开发、保护和宣传，更需要相关数字化改造，推进文化资源和文化产品虚拟化、可视化、互动化，创造和满足新的文化消费需求；在整体文旅产业的运营方面，需要利用新技术、新渠道、新模式进行创意、制作和商业化运作，推动文旅产品的生产方式、传播方式和消费模式系统创新；依托互联网、智能手机、平板电脑等企业发展，提高宁夏旅游集散中心的传播范围；在整体文旅产业的管理方面，可考虑引入智慧旅游系统，有效提升服务质量，同时，对监管和联动机制的建设也有较大促进作用。

三、不断提升文旅市场的服务

文旅旅游资源和产品体验是文旅发展的基础和生命线，文旅资源的质量和数量，决定了乡村发展的成败。因此，宁夏乡村应当重点发展核心的文旅资源，形成几个精品旅游路线，在西部乡村文旅中产生影响，增强区域性的影响力、辐射力和强烈的吸引力，从而成为著名的旅游目的地。不断延伸景区品牌价值和体验深度，提高游客的度假体验，在提升自身的旅游价值的同时，促进更多配套设施的发展，并影响和带动周边的旅游发展。

与此同时，宁夏乡村规划与旅游部门应组织专家学者对各个区县的差异性的，各具特色的旅游资源进行认真分析和归类，对重复性的、同质的资源进行优化合并，对独特的资源大力扶持，加快旅游资源的保护性开发进展，形成更多各具特色的、丰富多彩的旅游资源。各个景区互相补充、互相宣传和促进，推动全区域旅游资源品质的上升和经济的发展。

在配套设施方面，需不断完善交通和其他配套服务，提高消费者的满意度和产品体验。在目前的交通建设政策上，不断完善交通网络，建立智慧交通、立体交通，持续提升宁夏乡村在铁路、公路、航空和水运方面的能力。政府部门应与文旅开发单位共同合作，建立更多的、服务于旅游业，与实际旅客量相符的铁路直达线路和快捷航班、旅游专列和专机的机制。与此同时，促进宁夏乡村到各区县旅游景点的公交、轻轨等便捷快速交通方式的推进。使高速公路、车站、码头至主要景区的连接公路都达到三级以上。充分发挥旅游集散中心的交通辐射和交通组织功能，运用多种方式将游客快速送到旅游目的地。建设主要景区之间的快速通道，开通至市内景区的公交专线，保证游客的快速通达。

四、完善乡村旅游功能，形成区域中心

要进一步完善宁夏乡村的集散能力。必须建设大型旅游集散中心，其体量、规格、规模必须与带动、辐射各区县相配套，必须与各区县的旅游发展形势相适应。结合现有的各类战略，扩展乡村旅游功能，功能必须包括旅游集散、交通组织、旅游超市、旅游信息、旅游推介、旅游购物、当地文化展示等。进一步完善整体乡村的旅游接待功能。适度发展星级宾馆的数量，有选择性地发展一些主题宾馆和度假宾馆，突破“农家乐”“一日游”的瓶颈，并且注意单体宾馆的建设容量，以适应接待大型会议和大型团队的需要。进一步完善乡村旅游服务咨询功能。要建立专门的游客服务机构，在游客主要集散地建游客服务中心，为游客提供咨询、投诉、预订等服务功能。同时，建立专门的散客中心，专事接受散客的报名，与旅行社形成互补，起到拾遗

补缺的作用。

进一步完善乡村的旅游购物功能。要下决心建设和着力培育宁夏五市围绕的乡村旅游购物配套；按照合理布局、方便游客的原则，建立若干旅游购物商店，下大力搞好乡村文化旅游商品特别是旅游纪念品的研发工作，开发出具有宁夏乡村特色、代表宁夏乡村形象的旅游纪念品。

2020宁夏黄河流域非遗作品创意大赛开幕式（展帆 / 摄）

进一步完善乡村旅游公共信息符号。完善的公共信息符号是旅游功能的重要组成部分，是一个乡村、一个地方国际化程度和旅游发展的重要标志，是区域旅游中心的必备条件。必须按照国家有关标准建立完善的旅游公共信息系统，使游客来到宁夏乡村，不论是本地人还是外地人、中国人还是外国人，都知道路怎么走，车怎么坐，事怎么做。

五、吸引文旅人才，支持可持续发展

对于文化和旅游的可持续发展而言，一项非常重要的支持就是人才的支撑。对于乡村而言，三类人群非常重要。第一类是新乡贤，这是指对当地有感情的，真正对乡村有感情，愿意投入乡村，扎根乡村的社会力量。他们通常对乡村发展有一定的研究，愿意将自己的行动付诸实践，且具备一定的资金实力。第二类是乡村创客，即指一些具有原创能力的草根创意者。例如在景德镇的发展中，通过若干创意市集，大约有5万创意人才成了“景漂”，最终影响了景德镇的陶瓷创作，使景德镇成功从传统陶瓷转换为创意陶瓷，提升了整个产业链的价值。第三类是返乡青年，对于乡村而言，返乡青年在城市中有过一定的生活和学习经验，具备良好的知识储备和生活素养，更容易为乡村提供一种良好的生活氛围，且扎根乡村，对于乡村的发展有重要助力。

如何培养这三类人呢？

一是加强人才发展机制。围绕文化和旅游深度协同，需要不断改革原有人事管理方法，实现景区的所有权、管理权与经营权分离，充分吸纳社会上的乡贤和创客加入文化和旅游开发，提升文化和旅游行业的管理水平，形成多个成熟、专业化的运营团队。引导旅行社从“低价竞争型”向“品质竞争型”，从粗放式管理向精细化、智能化管理转变，实现转型发展。分门别类对各类乡村文旅进行新业态等“知识管理”，提升导游队伍素质。发挥景区生态、文化、科普等资源优势，积极应用新科技、新技术、新成果，发挥联盟、协会等的作用，发展旅游新业态。最后，依托宁夏乡村及周边城市高校，积极吸纳和鼓励人才在宁夏乡村创新创业，并不断加强相关的职业技能培训。

二是加强职业培训教育，提升在岗文旅开发人才素质。宁夏乡村文化和旅游建设，在岗旅游人才是现实保障。必须加大对在岗人员的培训力度，全面提升整个乡村的服务能力；加强基层员工标准服务技能的培训；强化旅游企业管理人员的先进经营理念和管理模式的学习；完善宁夏乡村职业资格认证体系和岗位培训体系，提升旅游从业人员的专业素质；进行旅游从业人员专业外语能力培训；鼓励旅游从业人员进行深造。

三是优化学校教育，培养旅游人才。目前宁夏乡村旅游储备人才不足，这和学校教育与企业需求的脱节有一定关系，不利于乡村文化和旅游建设的稳步推进和文化创意的研发。为此，宁夏乡村今后必须优化学校教育，营造旅游人才的良好成长环境，具体对策包括：加强旅游教育的资金投入，设立旅游教育专项发展资金；尽快形成高级、中级、初级旅游人才的分层培养模式；旅游教育拓展化，实现旅游产学研一体化，提高学生的实践能力；加强宁夏各类院校和企业之间的沟通，确保文旅相关教育符合企业需求特征。

四是普及全民教育，营造良好的乡村社区环境。宁夏乡村文化旅游的推进，需要宁夏乡村居民的支持。通过开展宁夏乡村文化旅游宣传教育工作，启发居民的自觉性，营造方便、文明、温情的乡村和区域人文环境。

六、加强顶层设计及文旅协同相关规划

宁夏乡村文旅产业还处于发展初期，仍然需要政府大力扶持，加大对营商环境、人才供给、资金补助等各方面的政策力度，推进宁夏乡村文旅协同。

一方面，重新审视宁夏乡村文化和旅游发展的定位，优化城市、交通、产业布局等各方面的规划和设计。将原有的多个规划重新梳理，加强相互之间的关联。

另一方面，政府需积极主动优化政策服务能力，帮助文化和旅游企业了解政策相关信息，优化社会服务能力。一是搭建宣传服务平台。目前，多数乡村地区积极打造公共活动平台，不断扩大文旅企业的影响力度。通过平台展示、推广积极扩大乡村的文旅影响力。集聚开展会展、品牌的国际宣传等活动，为各类文旅企业未来发展打下基础。二是搭建产业信息平台。通过对产业信息的及时公开和对接，不断扩大企业对政府、市场的认识和了解，帮助企业找到合作伙伴，开发多样化的文旅项目，作为乡村文旅协同的向导，政府应做好“指路人”的工作。三是搭建教育生活平台。为了扩大自身影响能力，可利用平台进行“文化教育+社区化普及”的信息服务，扩大广大市民对生活美学的体验并加深普通人对宁夏乡村文化的认知。四是完善统计信息并及时向社会公开。目前，文化和旅游的整体统计数据、统计机制仍不完善，无法向公众及政府部门提供有效数据，下一步，应尽快完善相关统计要求和机制，向公众和企业提供良好的信息参考和支撑。

第六章　宁夏乡村文旅协同发展的路径

推动乡村文旅协同发展，是城乡统筹发展的有效措施，也是乡村振兴的重要内容。作为一种新兴产业，宁夏乡村旅游快速发展，但从发展的过程中也看到了一些问题。从产业内部看，存在布局不合理、管理水平不高、基础设施较差等问题；从外部环境看，又存在着政策扶持滞后，社会负担较重等问题。但目前最突出的问题是亟须充实乡村旅游的文化内涵。为此要大力实施创新驱动发展战略，把旅游业融入乡村社会发展全局，升级乡村旅游与文化协同的路径。

第一节　乡村旅游品牌与吸引物的塑造

伴随着城市化的进程，城市的环境污染状况日益明显，良好的空气、环境已经成为市场竞争的一部分，越来越多的人渴望新鲜的空气以及淳朴的民风，因此乡村旅游成为旅游类别中目前最为瞩目的一项，越来越多的人愿意进行乡村旅游活动。

近年来，乡村旅游正在以迅猛的速度发展，且正在向规范经营阶段过渡，由资源主导渐渐转为市场主导。在以市场为主导的竞争中，由产量竞争、质量竞争、价格竞争、服务竞争到最终的品牌竞争的过程。在这一过程中，品牌营销有着不可估量的价值。

一、乡村旅游品牌发展现状

目前，世界上许多的发达国家的乡村旅游已向多元化、品牌化方向发展，且已具备一定规模。与国外相比，我国目前乡村旅游的品牌发展尚处于起步阶段，品牌建设具有一定的地域性特征，乡村旅游资源的开发与当地的自然资源、乡村特色景观、产业与文化等密切相关，对景区、农业生产活动和传统节庆活动有极大的依赖性。一些“农家乐”“村寨游”等活动内容趋同，缺乏特色和品牌，难以满足旅游者对深层次的乡村文化体验的需求。

由于乡村旅游品牌还没有受到足够的重视，因此在品牌的发展过程中出现了一些问题。首先，乡村旅游的相关服务人员来自农村，由于受教育水平较低的影响，这些人员的品牌意识淡薄，缺乏对品牌形象的维护，对该品牌造成了不可逆的影响。其次，乡村旅游是一个巨大的市场，在这个市场面前，经营者并没有认真分析旅游地的资源，而是盲目地向发展较好的旅游地学习，导致景点雷同，品牌定位不准，缺乏特色。最后，缺乏先进的营销手段，多是靠人力宣传，还没有形成成熟的网络宣传系统。

二、乡村旅游品牌建设的必要性

（一）发展需要

品牌建设同其他的服务产业一样，不是可有可无的，尤其是随着乡村旅游正在朝着质量化、规模化、产业化发展的今天，品牌建设举足轻重。与其他产业的发展轨迹一样，乡村旅游产业的发展也是沿着从粗放到集约、从自发到自觉、从分散经营到品牌经营的发展路径，只有走品牌建设的道路才能促进和保障乡村旅游经济的良性循环和持续发展，这是现代旅游产业发展的规律。

（二）游客需求

目前，乡村旅游形式雷同、产品单一，这增加了游客选择的困难度，导致乡村旅游还处在低水平的价格竞争阶段，提高乡村旅游的质量时不我待。

而提高质量的有效举措之一，就是使乡村旅游品牌化，通过塑造不同的品牌，使得各地乡村旅游特色更加鲜明，便于游客选择。

（三）文化传承

旅游的本质是对不同文化的体验，因此乡村旅游需要挖掘自身的文化内涵，通过旅游这一载体使得文化得以保护、传承和发展。乡村旅游品牌建设的过程就是对文化的发现、整理和传播的过程。通过品牌的塑造、宣传和发展，向世界各地人民展现中国优秀的传统文化内涵，增强民族凝聚力和自豪感。

三、乡村旅游品牌建设思路

基于对当下乡村旅游以及旅游品牌的研究发现，宁夏乡村旅游品牌建设存在诸多问题。针对此种局面，以固原市原州区河川乡黄土塬牡丹山庄、西吉县吉强镇龙王坝村为例，探讨乡村旅游品牌建设思路。

（一）挖掘内涵，突出特色

乡村旅游品牌发展过程中首要解决的问题是跟风和千篇一律的旅游模式、旅游产品。解决此种问题的关键在于特色品牌的建设，不仅要提高乡村旅游的品牌建设意识，更重要的是深入挖掘乡村的文化内涵，打造具有地方特色的旅游品牌。以灵武市为例，应充分挖掘历史文化，如灵武枣文化以及地方神话故事等地方特色，是后期品牌宣传形成过程中的关键前提。在发展乡村旅游过程中，要避免模仿当下乡村旅游重复出现的口号、产品及景观。如此易产生审美疲劳，既不利于后续发展，也会使乡村丢掉自身独特的文化，不利于特色文化的传承保护。此外，充分挖掘内涵，突出特色的过程，会加深游客对村庄的了解，使乡村旅游的定位更准确，更清晰，更吸引眼球。

（二）整体联合，共同发展

目前乡村旅游产品以及旅游品牌的打造过于零散和杂乱的问题较为严重，导致旅客村庄的整体印象不深刻，无法吸引游客的重游。

解决该问题应该从地方的整体联合，共同发展入手，将零散的旅游资源进行整合，彼此分工明确，形成整体的系列品牌，谋求整体利益的最大化，提高抵抗风险的能力。

（三）不断创新，持续动力

乡村旅游品牌建设的过程中，即使挖掘特色、准确定位，同时具有整体联合发展的条件和意识，也不能保证乡村旅游的长久发展，所以出现了许多“一时红”的乡村旅游，几年之后就出现大批“凋零萧瑟，破败不堪”的乡村旅游地。乡村旅游发展未来趋势是持续健康发展，这就需要不断地创新，才能有不竭的力量，长久发展下去。

（四）监督体制，保驾护航

我国乡村旅游在不断地发展与尝试中，形成一种由政府、公司和农户共同合作的乡村旅游经营模式，但是在这种模式形成之后，没有建立监督管理机构进行监督检查、质量评估，乡村旅游整体形象不佳，游客满意度不高。宁夏乡村旅游品牌的发展需要管理监督平台，通过监督体制，提高乡村旅游品牌质量，提升乡村旅游管理者的服务意识，使游客得到良好的观光游赏娱乐体验，增加游客的满意度，提高乡村旅游品牌的知名度，使乡村旅游可以长久发展。

四、乡村旅游与旅游吸引物的对应关系

旅游吸引物能否成为旅游资源，主要看它能否被旅游业所开发利用，能否产生经济价值。因此，旅游吸引物包含的内容非常宽泛，而且存在的形态比较原始，必须经过包装、打造、添加后才能为旅游业所用。同样，在乡村旅游吸引物的概念体系中所包含的内容也是十分庞大的，几乎包括了所有的乡村元素。

（一）乡村旅游与旅游吸引物

乡村旅游是指在乡村地区，以具有乡村性的人文客体旅游吸引物的旅游活动。乡村旅游的概念包含两个方面：一是发生在乡村地区，二是以乡村性作为旅游吸引物，二者缺一不可。乡村旅游不仅是基于农业的旅游活动，而且是一个多层面的旅游活动，它除了包括基于农业的假日旅游外，还包括特

殊兴趣的自然旅游、生态旅游、假日步行、登山和骑马等活动，探险、运动和健康旅游，打猎和钓鱼，教育性的旅游，文化与传统旅游以及一些区域的民俗旅游活动网。乡村旅游具有开发范围广、资源丰富、类型多样、地域特色明显、原始野趣浓、参与性强、重复率高等特点。一方面可以满足旅游者越来越强的回归大自然的需求，另一方面也为农村经济带来了新的增长点，促进了农民增收。

乡村旅游开发规划的重点是旅游吸引物体系的构建，而旅游吸引物是一个综合的系统，由旅游者或人的要素、核心的或中心的要素、标识或信息的要素组成。旅游吸引物是自然界和人类社会中，凡是能对游客产生吸引力的各种事物和因素，它是旅游活动的客体。旅游吸引物不仅包括平常意义上的普通实物旅游资源，还包括当地居民的态度、旅游服务设施、旅游从业人员的服务和其他相关条件。

（二）旅游者感知的乡村旅游吸引物体系

乡村旅游资源由两个部分组成，分别是表层和深层。表层的乡村旅游资源是指能够被所有旅游者观察到的实体或社会现象，包括乡村自然景观、动植物景观、乡村农副产品、乡村风貌、农民农事活动、村民日常起居饮食、婚丧嫁娶祭祀器物等方面的旅游资源；而深层次的乡村旅游资源只被一部分人所感知，是一种抽象的价值观，比如环境生态价值、乡村风光美学价值、社会伦理价值、社会道德价值、历史文化价值和地方民俗价值等。

（三）按照旅游要素集成的旅游吸引物体系

旅游业的六大要素为食、住、行、游、购、娱，吸引物体系的构建也可以从这几个方面入手。

1. 乡村旅游景区与景点。乡村旅游目的地是为了满足旅游者游的需要而搭建的，是乡村旅游吸引物体系中最为核心的部分。乡村旅游面向的主要客源市场是生活在大中城市的旅游者，他们终日生活在钢筋水泥的丛林中，城市越来越拥挤，环境愈发恶化，居民们的生活压力也越来越大，所以大多数旅游者是被乡间优美的田园风光、淳朴的民俗风情、原汁原味的乡村生活所吸引，希望能够在乡间优美的环境中，摆脱在城市中生活的压力和烦恼。乡村旅游景区景点的景观资源包括乡村自然景观和乡村人文景观。

2. 乡村旅游基础设施。旅游者要真正感受乡村旅游快乐，就不能仅仅停留在单层面上的观光游览、领略田园风光，还需要完全融入农家生活，比如品尝原汁原味的农家饭、入住简朴的农家屋，真正体验农村的日常起居生活。现在大多数乡村旅馆、农家乐都会为游客提供住宿和餐饮。当地旅游局等相关部门为了大力发展乡村旅游，给地方带来社会、经济效益，从旅游者需求出发，结合当地自然环境和民风民俗的特点，采用地方财政投入和农民自筹资金的方式建设了一大批的饭店、旅馆、商店等基础服务设施，满足了游客吃、住、游等方面的基本需求。另外，旅游目的地的建设需要有良好的交通作基础，如果没有可进入性，再吸引人的旅游资源、再完善的基础设施也是形同虚设，难以实现经济价值。因此，发展乡村旅游，要大力推进交通道路的建设，使得旅游者十分方便地进入旅游地，依托有吸引力的资源发展旅游业，促进当地社会的发展。

3. 旅游商品。到乡村来旅游的游客，一般都长期生活在城市中，对乡间的事物知之甚少，因而有极大的兴趣。所以，利用乡间常见的物品加工成的传统工艺品、各种乡土特产都对游客具有较大的吸引力。旅游者参与到乡村旅游，总想要留下些旅游地特有的纪念品、工艺品或者是其他商品，带回家自己用或是送给亲朋好友，旅游商品因而应运而生。

4. 娱乐设施。旅游是旅游者个人以前往异地寻求审美和愉悦为主要目的，度过的一段具有社会、休闲和消费属性的短暂经历。而旅游在本质上也是向游客提供一段离开常住地的新鲜经历，一种以一定物质条件作为依托的服务，旅游者得到的是旅游过程中的印象、感受和体验，而非具体的旅游资源。也就是说，旅游者得到更多的是一种旅游体验。所以发展乡村旅游的娱乐项目主要是满足旅游者的体验需求。

第二节 依托闲置农宅的特色进行设施改造

农村闲置老房是新农村发展中面临的重要问题。也是制约现代化、阻碍土地集中利用的主要因素。老房年久失修，易造成安全隐患，还导致土地资源的浪费。而农村闲置老房的产生与中国城镇化、人口结构变化、现有政策等因素有关。破解闲置老房的思路主要从政策的完善和灵活盘活老房出发，最大限度地发挥农宅的作用，盘活农宅经济。

现今我国已经进入到一个以工促农、以城带乡的现代化新阶段。中国城镇化发展快速，人口结构发生变化，大量农业人口向非农业人口转移，城市的发展空间遭到挤压，农村的发展将会是现代化发展中新的增长点。

一、农村闲置老房的基本现状

随着农村人口的外流和农民生活水平的提高，农村出现了大批闲置老房。闲置老房大多是一层的土坯房或是木质结构的房屋，均为20世纪建造，多位于村中心呈聚集状分布，年久失修。有些房体上已经长出杂草，极易倒塌，成为安全隐患；长年的闲置导致房屋及周围卫生情况差，是全村卫生防疫的死角地带；房屋的紧密排列导致拆除不易，成为新农村规划和改造的难点。而不少村民为了追求生活品质的提高或互相攀比的心理，新建的住宅面积也远多于实际所需。部分新宅中闲置的面积达到了总住宅面积的40% 左右。

二、农村闲置老房产生的原因

农村闲置老房产生的原因多样。既是农民生活水平提高新建住房后带来的必然结果，也是农村的管理未跟上发展的佐证，更是村民将闲置老房当作固产保值的后果。

首先，是村民生活水平提高的必然。随着村民经济能力的提高，农村社会结构由“主干”家庭向“核心”家庭转变。小家庭独立谋生能力增强。子女分家分户的情况普遍，加之老房住房面积小、采光通风性差、基础设施不完备、邻里间隔小，交通不便等多种因素，村民建新房的欲望强烈。以宁夏B村为例，近年换新房的比率达到80%以上，46%的村民选择拆除原有住房，其余则在交通便利的自耕田上新建住房。村民换新房后空出来的房屋则留给家中老人居住，老人则从更旧的老房中搬出。这样就导致了旧村中心形成空洞。等到老人去世，又一批房屋将被闲置，导致闲置房屋数量扩大，“空心村”面积更大。

其次，是农村人口的流动所导致。改革开放后，农村人地绑定关系松动，部分农村人口通过求学等途径改变户籍，农业户口转非农业户口的人数剧增。部分农村人口选择去城市工作和生活，外出的农业人口大幅增加。人口的转移使得作为生活场所的住房被大量闲置。另外，农民短期进入城市从事非农业生产，也使得农村房屋出现“季节性”闲置。

再次，规范性老房管理条例缺少。以宁夏B村为例，调查后发现针对老房的管理和拆除尚未有明确的条例。村干部介绍说，目前的方案初定拆除后每人会得到规定面积的宅基地。但是尚未有先例。且这部分宅基地需要等村集体重新批到建设用地后才能兑现。在强制性的政策没有落实之前，村民对旧宅的利用率虽然不高，但是作为固有财产，并且考虑到将来子女建房用地，村民也不愿意轻易处分老房。

最后，不愿拆除、流转老房的心理原因。村中心的老房是父辈成长的场所，祖辈奋斗半辈子的产物。因此对“重视家庭”的国人尤其是村民来说。房子往往是家的象征。就算老房破旧也不愿意轻易拆除。而在外工作、生活的村民也将老房看作是“根”的象征，是情感回归的寄托对象。闲置老房虽破旧，但窗花、门联却年年换新。因此，有些村民虽然一年甚至几年一次才回老房打扫、探亲，也仍然不愿意让其流转。

三、关于闲置老房和空房再利用的思考

闲置老房问题的解决。首先要关注农村劳动力流失的问题；其次需要从体制上打破老房流通困难的阻碍，创新思路；最后更需要因地制宜，权衡得失，物尽其用，找到适合不同村情，不同类型闲置老房和空房的解决措施，灵活化盘活老房、空房。通过调查和分析我们认为，主要可以从下列几个方面进行。

（一）对闲置房进行土地的整理、复垦开发

闲置住房可以通过整理、复垦达到土地资源的合理利用。但是，在这过程中“必须在充分尊重农民意愿的前提下，坚持政府推动、市场运作、科学规划、积极引导、因地制宜、量力而行、逐步开展。”

1. 明确闲置老房的财产性，保证村民宅基地和房屋的利益

在整理、复垦的过程中，应该对闲置房屋和宅基地进行价值评估。鼓励村民新建住房后拆除旧房，对拆迁农户进行一定的补偿。还可以鼓励社会力量参与闲置土地的承包，同时对村民的补偿和承包资金要充分调动市场机制，政府积极引导，有序进行，防止出现“圈地现象”。

2. 制定村庄的统一建设规划，合理科学地对村庄进行区域设计

村两委应充分发挥规划的引导和调控作用，加强村庄布点规划，按照社会主义新农村及发展乡村旅游的要求，加快推进旧村改造，划定村界，控制村庄规模，改造村庄，填实“空心村”。同时组建监督组，规范村民新建住宅，杜绝随意建房和占用耕地现象。

（二）盘活使用有价值、能利用的老房

闲置老房中类型多样，部分具有再利用的价值。因此对于不同性质的闲置老房应该要区别对待，物尽其用。

1. 以经营理念对待闲置空房

针对可以再次利用、房屋结构也合理的较新的闲置老房和空房，一是可以将其租借给企业。利用农村的房价、物价以及劳动力价格的优势。促进企业参与发展乡村旅游，拉动农村经济新的增长点。二是依靠闲置老房发展特

色旅游业。将闲置老房租借出去建设乡村休闲酒店或者自己整理、装修用于农家乐旅游。同时还可以利用周边农田发展有主题有特色的养殖业。三是装修开发成村居养老的住房。利用农村环境好、空气清新、物价低的多种优势吸引市区老人来乡村养老，缓解市区老人养老的压力，也满足本村及附近村庄的老人养老的需要。

2. 文化设施、服务性基础设施建设

对位于村中心的、建筑结构合理、安全的闲置老房，可以根据房屋的市场价值由村民小组集体收回旧宅或由村两委出面购买，并在此基础上建设公共的文化性或服务性的设施。如公共文化性质的老年活动中心、村图书馆、村放映室等，既灵活利用了老房，又提供了提高农民精神文化水平的配套措施，为发展乡村旅游做铺垫。

3. 加强乡土建设保护

保存悠久的老房，大都有着独特的历史轨迹，反映了不同地区的建筑布局。但是，现在的新农村建设因缺少科学的规划，造成许多村落的古建筑荡然无存、出现文化断层现象。在对闲置老房的土地整理复垦的过程中，应对本村本镇独特的古宅、古庙、古楼进行重点保护，对于各家遗留下的古宅，也可以鼓励在老房的基础上开发成宗祠等具有家族、村落特点的建筑和建筑群，为发展乡村旅游打基础。

（三）加强宣传，树立老房改造的样板

中国人习惯将资本用于买房置地。而农民也会将半辈子的积蓄用于房屋建设。房屋对中国人而言不仅仅是建筑，更是精神的寄托。农民对房屋都会采取谨慎的态度，大多数人对流转房屋都采取观望的态度。因此，政府和村两委应该加强宣传，对闲置房屋的流转政策进行详细解释，让农民体会、认同闲置房屋的改造是新农村建设的必然趋势。村干部也应该以身作则，为农民树立榜样，消除农民对闲置房屋流转的担忧，加深农民对具体政策的理解。

在此条件下，挖掘区域特色，发挥比较优势，打造属于自己的区域特色品牌与吸引物的塑造，为发展乡村旅游鸣锣开道。

1. 宁夏境内各村落形成自己独特的风俗和习惯

宁夏各区域具有自己的特征。挖掘乡村旅游区域特色，要立足于实际，充分利用当地的地形地势，挖掘历史、民族文化、风俗习惯等资源。也要深入走访，从村落老人的诉说和当地生活习惯中挖掘乡村在长期历史发展中形成的区域文化特色。从当地的民俗仪式、节日活动中挖掘当地民族文化的内涵与其独特的民俗风情，充分利用当地的区域特色，发展旅游 + 科技、旅游 + 生态、旅游 + 康养、旅游 + 文化等区域特色旅游。在深入挖掘区域特色中要充分尊重地区民族文化与风俗习惯，因地制宜地挖掘与发展乡村区域特色，充分发挥各区域特色的比较优势，打造独具区域经济文化内涵的乡村旅游区域特色品牌。

2. 坚持主导特色多样化发展战略

宁夏各民族在长期的历史发展中形成了不同的饮食、服装、建筑、风俗习惯等。对乡村旅游的区域特色要坚持“吃、穿、住、行”多种区域特色共同挖掘、共同发展。在区域特色品牌的发展中也不应只重视单个区域特色的发展，而是应该利用发展起来的区域特色品牌带动同区域的其他区域特色品牌的发展，甚至是带动相邻村落区域特色旅游的发展。坚持推动多种区域特色品牌共同发展，丰富区域特色品牌的内容，打造“吃、穿、住、行”一体化的乡村旅游区域特色品牌产业链，致力发展“一村一品”甚至“一村多品”的乡村区域特色旅游模式。

3. 政府要加强对区域特色的保护

面对文化资源流失、创意缺乏、高级文化产业人才不足和文化产业品牌建设滞后等困难，政府对区域特色的政策保护不能局限于财力、物力等物质上的支持。尤其是对传统区域民族建筑的保护与改造，不能融入过多的现代元素，而要以传统区域建筑特色为主进行修缮与维护。地方政府在贯彻落实区域特色文化的保护政策上，不能过于重视短期的经济效益，应以保护传统民俗文化为主。

泾源县泾河源镇冶家村（秦建军／摄）

4. 对传统区域特色品牌进行创新，使其顺应时代发展

对于传统的民俗文化及其独特的手工艺技术的传承与保护要做到“取其精华，去其糟粕”，要对其进行创新，使其顺应时代的发展，让乡村传统的区域特色逐步“现代化、网络化、社会化、生活化”。

5. 优化区域特色模式，增强联动效应

乡村区域特色品牌的模式要突破单纯的休闲观光模式，要从走马观花式的观光、体验千篇一律的农家生活向独具个性的创意活动模式转变。乡村区域特色品牌打造与发展的模式要加强区域特色生活的体验，强调乡村旅游区域特色品牌的内在价值。同时，乡村区域特色品牌的结构不能太过单一，对于区域特色的结构模式不但要做到区域化、特色化，也要做到全域化，更要做到多个地方的区域特色共同规划、协调发展，加强区域特色旅游资源的优化配置，坚持“资源共享、品牌塑造、市场共建”的发展思路。

宁夏红寺堡区新庄集乡西川村
乡愁记忆馆（展帆/摄）

6.加强乡村旅游区域特色品牌的打造与宣传

区域特色品牌的打造要建立在鲜明区域特色资源的基础上，准确定位，整体规划，系统开发，合理利用当地的历史文化、自然风光、民族风情、地形地势等区域特色资源，以最独特的区域特色资源为主，打造属于自己的不同于其他地区的区域特色大品牌，将其他不够鲜明的区域特色打造成区域特色大品牌下的小品牌圈。同时，乡村旅游的区域特色品牌宣传方式也不能局限于口头宣传，要充分利用网络媒体等现代主要传播渠道对区域特色品牌进行宣传。

7.借鉴国外区域特色品牌发展的成功经验

发达国家乡村区域特色旅游发展早，对区域特色品牌打造的意识强。大多数地方不但形成了“一村一品”，而且形成了“一村多品”甚至“一户一特”的乡村旅游区域特色品牌，有的还打造出了较为完整的区域特色品牌产业链（如日本水上町——工匠之乡、农村公园，法国普罗旺斯——薰衣草国度，美国纳帕溪谷—红酒田园等）。随着文化创意产业对促进经济发展和增强国家软实力的作用日益增强，乡村旅游与文化创意产业协同成为旅游业的一种创新发展形势，为旅游业注入了活力和生机。宁夏作为农业区，农耕文化极其深厚，各地区都有自己的农耕模式。对于区域特色极其相似且地域相近的乡村可以进行整合，立足本土，仿造日本打造“农村公园”大规模的乡村区域特色旅游模式，扩大乡村区域特色旅游规模。

第三节 依托乡村生产生活文化的旅游活动精准策划

从宏观层面看，旅游活动能会聚大量的客源、信息、技术、商品和人才，对一个地区的经济发展和社会进步产生积极的作用。近年来，随着旅游活动产业联动效益的日渐凸显，各地纷纷把旅游活动作为发展旅游事业的重要策略，积极策划和举办各种主题的节事活动来吸引旅游者。乡村旅游这一新型的旅游方式也毫无例外地选择用乡村的生产生活活动作为地方特色和亮点。本节则讨论的是在策划乡村旅游活动时，要把握的原则和需要注意的问题。

一、策划原则

一是凸显农村性格。充分分析每个农村所具有的自然环境、发展历史、生活劳动方式、节庆习俗、村民的精神面貌等元素，对村落的旅游特色进行准确提炼，使每个村落都能找到自己的闪光点，从而形成与其他村落不同的特色。二是形成城市与乡村之间的良性互动关系。一方面，通过乡村旅游的发展，乡村向城市居民出售清新的空气、优美的环境、新鲜健康的食品，乡村里的各种元素都变为可消费的旅游产品，乡村社区从中获得经济利益；另一方面，城市居民也在乡村中得到闲适舒畅的心情、新奇独特的体验，并收获健康和快乐。三是推动乡村产业结构的合理调整。乡村旅游也是把第一产业和第三产业结合起来的一个典范，有利于乡村产业结构的调整和乡村经济的和谐发展，特色旅游村的建设应该是一次乡村合理产业结构形成的过程，应积极提升农产品、乡土文化在旅游语境下的经济附加值、社会附加值和生态附加值。四是人性化经营管理。根据当今城市居民生活现状做出相应的旅游决策。让城市人们体验乡村生活，从中可以让他们得知劳动人民的辛苦，从而珍惜其来之不易的工作；还可以让他们缓解平时的工作生活压力。最终达到“双赢”的最佳效果。不足方面：一是交通可能会给旅游带来不便；二是部分城市居民的旅游消费去向；三是农村的基础设施建设不完善。

二、策划时应注意的问题

1. 正确处理发展乡村旅游与农村城市化、农民新型化、农业现代化的关系

发展乡村旅游，要着眼促进农村地区经济社会长期全面协调发展，推动农村居住条件和周边环境的改善；着力提高农民素质，培养新型农民；积极促进农业产业结构调整，构建现代农业体系。发展乡村旅游一定要注意保持当地农村特色，要防止某些“城市病”向农村蔓延，防止工业垃圾、城镇污染侵蚀农村净土。发展乡村旅游，要以生产发展、生活宽裕、乡风文明、环境提升为目标，既不能把新农村建设等同于旅游新村建设，把新农村规划简单搞成旅游新村规划；也不能因为发展乡村旅游而把农村建成没有农业、村庄、农民、特色的所谓新农村。

2. 正确处理乡村旅游中政府推动与尊重农民意愿的关系

发展乡村旅游要由政府来推动，要以农民为主体，充分尊重农民意愿。政府推动不是包揽一切，而是发挥政府在规划引导、统筹协调、分类指导等方面的优势和积极作用，因地制宜，推动乡村旅游的整体发展。农民有选择是否参与乡村旅游开发以及如何参与乡村旅游开发的权利，不应该强求一律。要在政府的指导推动下，尊重农民意愿，依靠农民智慧，发挥农民的积极性，促进乡村旅游的持续健康发展。

3. 正确处理发展乡村旅游与农村其他产业发展的关系

农村各产业之间和谐发展是农村经济社会全面发展的根本前提。要发挥乡村旅游产业关联度大的优势，通过发展乡村旅游，促进农村各产业之间协调发展，为农村经济社会发展服务。乡村旅游也要充分依托其他产业，取得其他产业的支持，加快发展。

4. 正确处理发展乡村旅游与农村生态环境保护的关系

生态环境是乡村旅游资源的重要组成部分，也是乡村旅游实现可持续发

展的重要基础。应牢固树立“环境兴游”“生态兴游”的观念，坚持科学保护、合理开发和永续利用的原则，坚持发展旅游与生态保护之间的内在统一规律，先规划、后开发，使乡村旅游的发展成为促进农村生态环境保护的有效手段和重要渠道。要避免资源的浪费和简单粗暴使用，杜绝对生态环境的破坏性开发。

5. 正确处理发展乡村旅游与传承乡村传统文化的关系

乡村传统文化是乡村旅游的灵魂。要深入挖掘优秀的民族民俗文化，不断提升乡村传统文化的魅力和旅游吸引力，推进乡村传统文化的产品化，变文化优势和资源优势为经济优势。同时，注重对乡村传统文化的保护，在实践中摸索继承和发扬乡村优秀传统文化的新路。

第四节　乡村旅游产业与传统农业协同优化体系建构

乡村旅游与传统农业息息相关，密不可分。乡村旅游的兴起和发展赋予了传统农业更多的市场空间，拉长了传统产业价值链，提高了农民收入；传统农业的升级也给予乡村旅游更大的原生态内涵。传统农业和乡村旅游相得益彰，实现了两者的可持续发展。传统农业与乡村旅游具有协同互动的基础和条件，两者在目标市场上保持高度一致。从农业经济发展来看，传统农业要想实现转型升级，需要依赖与其他产业互动，农村第一、第二、第三产业的协同发展为“三农”经济发展提供了新的驱动力，能极大提高农民的收入。从乡村旅游发展来看，乡村旅游可以和一、二、三产全面对接。第一产业与旅游业协同带动乡村旅游的开发与兴起，第二产业与旅游业协同激发和旅游业相关商品的生产和销售，第三产业与旅游业协同加速资讯、交通、金融等现代服务业的发展。

一、传统农业与乡村旅游协同的必要性

（一）乡村旅游为传统农业扩大收益提供载体

传统农业产业价值链短，附加值低，受天气环境等自然因素的影响较大，仅仅依靠粗放式经营难以扩大经济效益，提高农民收入。为了扩大农业经营收益，必须改变传统农业的生产运作方式，要更加注重农产品的质量，拉长农业价值链，整合各种农业资源，从而提升农产品附加值。通过与乡村旅游协同，将传统农业与城市居民消费对接。农民是农产品生产主体，也是旅游参与主体，多重角色能极大提升传统农业经济效益，提高传统农产品附加值，开发乡村旅游经济，为传统农业的转型升级和可持续发展提供市场空间。

（二）传统农业保证了乡村旅游开发生态化

与现代农业相比，传统农业具有低耗能、低污染特点，土地资源利用率较高，对生态环境污染低，能发挥传统农业的“自净”功能，实现农村自然生态系统平衡，最大限度上体现出人口资源环境的和谐思想。通过传统农业与乡村旅游协同，能最大限度上保护乡村旅游的原生态，保护农村生态环境，一方面提高了农业环境生产率，另一方面为乡村旅游的产品开发提供了原生态元素。

（三）传统农业与乡村旅游协同对接可以放大社会效益

传统农业生产附加值低，经济效益不高，为了养家糊口，导致大量剩余劳动力外出务工，一方面劳动力务工使得传统的农业文化淡化和农业种植技术不断流失，另一方面这些外出务工人员流向城市和社区，给城市带来了社会治安、子女教育等问题和矛盾。传统农业与乡村旅游的协同能有效改善上述社会经济问题。一是解决了农民的就业问题，农民在当地从事乡村旅游服务经营可以极大提高收入，改善生活条件；二是保护和传承了传统乡村文化、乡村生态和乡村环境。

二、当前乡村旅游开发中存在的瓶颈及问题

（一）传统农业与乡村旅游孤立开发，协同度不高

乡村旅游开发以来，农业生产种植不断引入了高技术，改变了传统农业粗放式的种植方式，精细化的农作物种植方式扩大了特色农产品供给，也极大提高了农民收入，乡村旅游与传统农业开始协同。然而，在乡村旅游开发和传统农业生产过程中，两者协同度有待提高。尽管农业新技术不断引入，但是农业高技术还难以满足传统农业转型升级的需要，现代农业生态园或产业园等产融结合的产物发展相对滞后，不仅园区规模小，规划有限，现代农产品品种也较为单一，难以吸引消费者的青睐，导致乡村旅游转型升级遇到一定的障碍。乡村旅游开发中缺乏农业文化内涵，各地在乡村旅游开发过程中，尽管想突出当地传统农业文化，打造特色文化品牌，但是旅游开发者对当地农业或农耕文化了解肤浅，农业文化更多是表面文章，农业文化的缺失必然影响乡村旅游与农业开发协同互动。

（二）乡村旅游开发缺乏战略意识和品牌意识

当前，乡村旅游开发项目单一，以休闲观光为主，产业附加值较低。尽管宁夏各地也在极力拓展乡村旅游产品尤其特色农产品的市场和销路，包括举办各种旅游节庆活动、农产品博览会以及网络营销。但是效果较差，特色农产品市场和乡村旅游市场未实现互动协同，带动作用不强。究其原因在于，一是农产品加工链较短，深加工不足，使得农产品附加值低，市场开发和销售受阻。二是农产品经营者缺乏专业性管理理念，战略意识和品牌意识不足，营销手段单一，农产品竞争乏力。三是服务不足。在乡村旅游经营过程中，工作人员素质较低，服务随意，服务意识不到位，导致乡村旅游经常发生游客投诉问题，影响了乡村旅游品牌和农产品的销售。

（三）乡村旅游产品开发创新性和专业性不足，人员素质较低

当前，乡村旅游应从原有的单一观光项目向多元化项目拓展，集休闲观光、农业种植体验、文化娱乐、特色农产品销售等为一体的新型旅游产业。

产融结合可以为乡村旅游发展提供广阔的空间。然而，乡村旅游开发时间较短，经营相对独立，尚未与传统农业形成良好的互动局面，在旅游规划方面缺乏战略部署，导致当前乡村旅游产品更多停留在休闲观光项目。乡村旅游活动还主要是满足游客拍照、休憩或者农家乐体验的需求，这些项目实际上大家都比较熟悉，仍然处于浅层的产品开发中，很难满足游客新的以及更高层次的需求。所以，乡村旅游转型升级需要着重关注旅游产品的独特性、新颖性和专业性。另外，乡村旅游服务是一项专业化的经营，需要专业化、高素质的管理人才和服务人才。但是，当前乡村旅游服务人员主要是当地农民，尽管农民自己经营可以提高农民收入，也可能会影响到乡村旅游的可持续发展和竞争力的提高。这些村民大都没有接受正规的培训，缺乏专业的旅游服务知识和技能，必然会影响到乡村旅游的整体品牌和声誉。所以，为了提高乡村旅游产业的竞争力，必须改善目前工作人员素质不高的现状。

（四）乡村旅游产业价值链短，附加值不高

乡村旅游产业链的核心环节来源于特色农产品的竞争力，依赖于乡村旅游与传统农业协同发展，农产品加工环节的深度和广度决定了乡村旅游的可持续发展。农业产业链的拉长和农产品精深加工细化了农业产业模块的同时也促进了乡村旅游产品开发。乡村旅游产品规划是整个乡村旅游产业的关键环节。规划的质量高度决定了乡村旅游的长远发展。乡村旅游产品生产销售促进了传统农业的市场开拓，加速了传统农业转型升级并提高了农民收入。同时乡村旅游提高了本地的知名度，扩大了宣传，保留和传承了当地农业文化。然而，宁夏各地乡村旅游产品生产和开发尽管一定程度上体现了当地文化元素，但是农产品档次较低，附加值不高，创意不足。所以，在乡村旅游产品开发设计中要进一步重视旅游产品的创意性、本地性，努力提高特色农产品档次，提高农产品的附加值。

三、传统农业与乡村旅游协同的驱动力

（一）市场需求牵引

1. 当居民收入持续增长后，消费者对农产品需求不再满足温饱问题，并呈现高端化和个性化的趋势。伴随经济快速发展，居民消费能力进一步释放，城市居民乡村旅游需求旺盛，对乡村旅游过程中的农产品需求呈现出多样化、个性化特征。

2. 由于社会在食品安全问题方面日益关注，无公害、绿色食品的需求进一步增加，在乡村旅游中自然也对传统农产品提出了新的要求并提供了广阔的前景。

3. 随着城市工作学习节奏日益加快和城镇化进程的加快，给城市居民带了更大的生活压力。乡村旅游为城市居民利用节假日休息提供了清新的自然环境和美丽的乡村风光，为缓解工作生活快节奏提供了机会。乡村旅游也自然让城市居民亲自接触到农业文化、绿色食品，为传统农业发展提供了难得契机。

（二）产品供给推动

乡村旅游活动中，传统农业不仅仅是农产品种植和销售过程，同时也为游客提供了多重体验经历，包括农业文化体验、观赏体验和生产体验。这种多重体验拉长了传统农业价值链，提升了传统农产品附加值，从而加速了农业科技和农业文化的结合。

1. 强化前期规划设计，重视与传统农业协同发展

乡村旅游的开发和发展离不开各种资源，除了美丽的自然风景外，乡村旅游和农业种植和农业文化密切相关，尤其是在目前产业协同的背景下。首先，根据旅游市场未来变化趋势和游客的消费需求，科学合理规划乡村旅游总体战略，基于产业协同的要求，科学定位乡村旅游产业和传统农业产业发展，加强乡村旅游和传统产业协同并进，确定协同的方向和目标。在此基础上，对乡村旅游进行总体布局和功能分区，细化服务市场，并完善乡村旅游服务

基础设施。其次，整合利用乡村旅游和农业资源，现实两者协同发展。提高农业生产技术水平，引进农业高技术成果，促进农业生态种植园建设，将农产品精深加工环节嵌入到乡村旅游开发过程中，延长农产品价值链条，提高乡村旅游产品的创新性和附加值。

2. 提高乡村旅游产业规模化，开发产业多元服务功能

提高乡村旅游服务附加值，需要将多元化功能融入产品开发中，尤其是文化创意功能。通过嵌入创意元素、增加农村文艺表演、当地文化推广活动，赋予乡村旅游产品更多的文化内涵。乡村旅游产业转型升级必须打造本地鲜明特色产品。乡村旅游企业经营者需要密切关注旅游市场和游客需求，根据当地旅游资源和旅游产品经营情况，开发设计符合当地特点的乡村旅游产品，提高游客的返回率，提高旅游产品的市场口碑，保证乡村旅游可持续发展。同时乡村旅游经营者还需要在服务质量和水平上下功夫，努力加强旅游企业经营管理，细分乡村旅游市场，满足不同市场需求。另外，乡村旅游和传统农业协同发展，实际上是宁夏新农村建设的重要方面，是“三农”经济转型的重要抓手。为此，乡村旅游和农业发展必须实现规模化和产业化经营，改变传统粗放式经营模式，探索两者协同发展方式，并且加强旅游景区和农业园区的有序管理，努力提高经济效益。

3. 明确乡村旅游产品目标市场，加大乡村旅游产品促销力度

首先，市场是产业发展的生命线，乡村旅游产业也不例外。只有符合市场规律，乡村旅游企业才能生存和持续发展。为此，乡村旅游产业开发需要密切关注市场趋势，根据旅游市场和游客需求特点，在有关营销理论的指导下，科学合理制定乡村旅游的市场定位，明确旅游目标市场。其次，当前乡村旅游产品种类、渠道单一，应加大乡村旅游产品的促销力度。通过促销，一方面可以拓展旅游产品的市场，提高经营效益，另一方面，促销也是提高乡村旅游知名度的重要方式。因此，地方政府、旅游企业要加大乡村旅游产品的促销力度，给予更多支持。

4. 拉长乡村旅游产业链，提高乡村旅游产品附加值

产业协同大背景下，乡村旅游与传统农业的深度协同对接是旅游产业的基本规律。传统农业发展能为乡村旅游提供丰富的旅游资源并赋予农业文化元素。所以，乡村旅游转型也应该重点关注传统农业的发展。将农产品加工环节嵌入到乡村旅游开发过程中，延长农产品价值链条，提高乡村旅游产品的创新型和附加值。对于特色农产品的开发，一方面要深入调研，了解农业发展趋势和消费者需求，为农产品的开发提供依据。另一方面引入农业高技术成果，提高农产品的技术含量，并保持产品开发中的当地特色和文化，利用文化特色吸引游客。同时应加大旅游产品的设计，通过产品组合方式开拓乡村旅游市场和农产品市场。乡村旅游的竞争实际上是产业链之间的竞争。乡村旅游的转型升级重点在于提高产业链环节，从低端向高端攀升，提高产品附加值。改变传统农产品重生产轻加工的问题，将农产品深加工环节纳入产业链环节，通过特色农产品深加工，提高乡村旅游产品的附加值和竞争力。

乡村旅游的兴起和发展赋予了传统农业更大的市场空间，传统农业文化以及生态理念也为给予乡村旅游更大的原生态内涵和持续动力。传统农业和乡村旅游相处协同，相得益彰，实现了两者的可持续发展。为此，乡村旅游开发应该与时俱进，实施产业协同战略，建设成为自然景观、人文景观协同的旅游产业代表，以及新农村建设的重要平台和抓手。尽管乡村旅游在开发经营过程中存在诸多问题，但只要及时总结经验教训，运用先进的管理理念和经营手段，加强农村产业协同，让产业交叉和协同成为乡村旅游和传统农业创新的驱动力，就会实现乡村旅游的转型升级和传统农业的协同发展。

第五节 体现地域文化特色的乡土景观营造

一、地域文化特色田园乡土的景观概述

（一）地域文化的内涵

地域文化是指特定区域内长期以来流传下来的文化、历史，并且是传承下来具有一定特色的文化价值。地域的自然特征包括地貌、气候、水文、土壤、植被等自然元素，不同的自然条件形成了不同的区域景观类型，这是园林设计的基础。地域文化的形成是一个长期的过程，它是由前人的智慧和努力一步一步传承下来的。

地域文化特色的乡土景观内涵最根本的就是突出乡村文化的特色，留住乡村“质朴”与“闲适”，守护人性的纯洁与精神的归属，加快培育与养成符合现代价值取向的“乡绅”，凝聚乡村发展的精神力量。通过文化创意、文化包装、文化经营等方式精心打造文化主题型乡村旅游产品，充分体现对村落物质、非物质遗产及传统文化的传承，全力保护古村落、古民居、古建筑、古名树和民俗文化，在旅游发展中严格监控乡村节事活动泛滥化、表演化、商业化，靠传统的“自然时节”和“村寨节事”调节工作节奏，避免汲汲逐利化和过度紧张化。

乡村旅游的发展，将以“乡愁”的情愫、“故园”的记忆凝聚人心，新旧相融、古今对接，使乡村精神内核更加丰满、神采更加灵动，构筑创新发展的文化空间。让广大村民享受到现代文明丰硕成果的同时，在田园牧歌的情境中延续乡土文化和生命活力。我们期待，未来，乡村旅游能更好地促进城乡协同发展，乡村将不再因自卑而躲藏，也不再为逐利而迎合，城乡共生共荣共享，乡村有更丰富的业态、更优化的环境，生活在这里更有尊严和品质，一个富庶、便捷、质朴、闲适的乡村，让村民“诗意地栖居”，让游客“走心”地回归。

（二）特色乡土景观内涵

特色乡土景观建设在“十三五”时期提出，明确提出了省级特色田园乡村建设创建程序和运作模式，以及特色田园乡村的重点任务和保障措施。特色田园乡村由特色、田园、乡村三部分组成。其中“特色”就是特色产业、特色生态、特色文化；“景观”就是田园风光、田园建筑、田园生活；“乡村”就是美丽乡村、宜居乡村、活力乡村。

（三）特色乡土景观的地域文化景观内涵

特色乡土景观田园乡村的景观是外在的，我们肉眼可见的，但核心是从它的地域文化来体现，烘托出特色乡土田园乡村的场景、氛围。现在的乡村景观设计不能一味地去复制过去的设计，也不是浅显的装饰和点缀，是要从根本上、从细节上表达和传递出乡村本土的地域文化特色。

二、特色乡土景观中地域文化的表达

在乡村景观设计中，地域文化是最重要的设计考虑因素，也是区别于其他特色田园乡村景观的重要一环。特色田园乡村中的地域文化可以从以下几点来表达。

（一）展示地域特色

特色乡土景观设计是要通过当地的地域特色来展示的，每个区域都有先人遗留下来的天然环境，这种自然环境是根据不同的地理位置和先人的风俗习惯在这个场地中而形成的。可以充分利用艺术手法来将不同的地理环境和本土的区域特色结合起来，塑造一个充满地域风光的特色田园乡村。

（二）结合历史文化

历史文化是人类智慧创造的结晶，是一个区域民族文化的底蕴。特色田园乡土的景观形象表达可以从它的历史文化中探索，特色的文化凸显是需要对该区域的历史文脉有很深刻的掌握并且能够确切和恰当的应用到实际的景观设计中。只有深刻挖掘、理解历史文化的起源和发展过程，才能提炼其精髓，从而应用在乡村景观设计中。

（三）传承民间艺术

特色乡土景观营造少不了当地的民间艺术，现在的乡村景观设计越来越一致化，导致乡村失去了它原本的个性和乡土性，关键在于对各个区域的民间艺术的保护缺失，如若将民间艺术更好地运用到特色田园乡村景观设计中，就不会出现大批量园林景观的雷同，特色田园的乡村的民间艺术也得以传承和发扬。

（四）营造田园乡土氛围

特色乡土景观设计一定要符合田园乡村风格，在景观设计的艺术手法上要展现出自然质朴的乡村特性。

1. 基于地域文化特色表达的乡土景观设计

在推进城镇化建设与休闲游憩业的发展实践中，乡土景观资源的开发与利用成为休闲经济研究的重点。我国乡土景观资源丰富，历史文化悠久，以乡土景观设计来规划游憩业的健康发展，从自然生态、人文生态等层面来满足旅游产业的全面发展。中国当代艺术家冯骥才曾提出“我们感觉自己的城市越来越陌生，而对别的城市却越来越熟悉”。可见，从地域特色文化的视角来重新审视游憩业，将传统民族特色、地方风格及传统价值体系融入乡村景观设计中，既能够增强乡村景观的功能性和空间性，还能从文化渗透中保护和挖掘地方特色，传递地域精神和优秀文化品质。

2. 地域文化、地域特色表达与景观设计资源价值

文化具有历史性，地域文化是人类在历史的进程中为生活而创造的一切设计形式及成果。地域文化具有地域性，不同地域产生了不同的文化积淀，也在不同程度、不同侧面反映了特定地域的经济、文化、艺术、宗教、社会习俗等内容。简单来讲，地域文化分为自然环境资源、人文环境资源和社会环境资源三部分。自然环境要素多从气候、植被、水文、地貌等方面进行展现，通常具有稳定性和普遍性；人文环境与人的行为，以及人与环境的相互作用中形成的不同地域文化符号或类型；社会环境主要反映某一地域社会群体的生活方式及行为准则，也与该地域的社会经济、文化科技等发展状况紧密相连。

3. 乡土景观设计中对地域特色文化的协同

整合是基于发展的需要，通过对各构成要素关联性的挖掘，积极从系统要素与环境之间关系的架构中来实现新的秩序和综合。乡土景观设计是基于乡村多元化的景观资源，充分发挥乡村资源的功能与联系，追求游憩空间的有机性与和谐性。因此，在对乡土景观资源进行整合中，要遵循三点原则。一是从保护生态平衡上合理配置游憩资源。二是注重对地域文化的挖掘，体现出时代精神。三是注重景观设计中形象功能的渗透与协同，特别是要满足游憩需求。

4. 乡土景观规划与设计构建

（1）以体验为导向来配置乡土景观资源。体验是建立在外界刺激下形成的对周围景观环境的一种心理感受，在乡土景观设计中，关注游憩体验，并从景观设计的主动性上来构建丰富的体验类型，从而为增强游憩者的情感和内心感受创造条件。

在构建游憩体验中应该从四个方面来着手。一是强化游憩者的互动参与性，从乡土景观资源的开发上，围绕广泛的参与体验来增强景观设计的活力，让游憩者能够从中获得生活情趣和艺术体验。同时，乡土景观设计在层次上要关注游憩者的差异性，能够从景观设计中来提升文化与审美价值，满足不同游憩者从中获得相应的视觉体验和感知。二是强化景观设计的美学性，审美活动是游憩者参与旅游的基本形式，也是游憩者从发现美、探索美、鉴赏美和创造美中获得体验的关键。三是关注对景观资源整体性的协同，要从每个景观的组织、设计、构建中，将景观美学价值与乡村景观人文环境相统一，从景观的布局和有序安排上，凸显游憩者的体验，并从公共配套设施、服务设施规划上实现人文、自然景观的整体统一。四是注重地域特色文化的渗透，从地方特色历史文化中来挖掘差异化要素，构建乡村景观设计的非物质文化体系。鲜明的特色地域文化能够增强游憩者的心灵冲击力，并从独特的地域历史文化中感知不一样的艺术氛围。

（2）旅游体验主题的设计与景观配置方法。旅游体验是基于丰富的参与性活动中，对于乡土景观设计与体验主题的构建，首先要从旅游体验诉求分析上来进行评价。不同的旅游者面对乡土景观时，其追求的生活方式、价值观及旅游动机是不同的。其次乡土景观设计在自身定位与分析中，要从旅游产品的开发商来表现人无我有的独特性。在优化旅游环境上，对景观的规划与设计多从拼接、时空、跳跃中来呈现。

银川市贺兰县常信乡四十里店稻渔空间一隅（张绍慧 / 摄）

（3）实体景观设计与规划。对于乡土景观中的实体要素，从体验视角来进行规划与设计，细化来讲主要表现在：一是乡土建筑的设计，从观赏上满足建筑结构的围合、屏障、背景功能，从体量、形式、色彩上与景象地域特色文化相统一，从而体现出独特的旅游体验主题。二是在道路设计与规划上，要做好对外交通和内部旅游步道的协同。乡村道路是连接客源市场与旅游地的纽带，在规划时要遵循景观性和便捷性原则，既要为游客提供进出便利，还要从两侧景观及环境优化上为游客留下深刻的印象。对于内部步道设计，往往通过蜿蜒曲折的路径来营造不同的旅游体验和感受。如借助于地势特点来设置高低错落的步道，因地制宜地尊重自然资源现状，避免对环境的破坏；

增强游客体验，设置多样化道路线型，配合直线、曲线、交叉线等审美情感体验，迎合传统空间美学对游客感官的触动。三是对休闲设施的设计要合理稳妥，无论是小木屋、亭、台、榭、廊，都要从其品质上、空间便利性上进行专门设计。如避免人流密集、保持视野开阔、材料选择要个性化。对于旅游指示系统设置要清晰明了，与周边旅游主题相适应，特别是对于弱势群体的关怀更要强化实用性。

（4）虚体景观规划与设计。虚体景观就是将某一具体景观赋予特殊的人文气息，让游憩者从中感知到精神文化的熏陶与感染。

参考文献

[1] 艾伦·法伊奥.旅游吸引物管理新的方向[M].大连：东北财经大学出版社，2005：3-22.

[2] 王云才.乡村旅游规划原理与方法[M].北京：科学出版社，2006：33-80.

[3] 王云才.现代乡村景观旅游规划设计[M].青岛：青岛出版社，2003：20-36.

[4] 郑健雄.休闲农业与乡村旅游发展[M].徐州：中国矿业大学出版社，2004：5-19.

[5] 刘沙.乡村旅游吸引物体系的构建研究[J].中国农学通报,2012,28(09):322—326.

[6] 李亚娟，陈田，王婧.黔东南州旅游吸引物空间结构研究田资源科学，2013，35(4)，858—867.

[7] 余娟.成都乡村旅游资源特色及客源市场分析[J].当代经济,2008(02)(下).

[8] 税伟，陈烈，王山河.城市化与城市近郊乡村旅游开发研究[J].地理与地理信息科学，2005，21(3)：97—100.

[9] 魏薇.田园综合体模式下的乡村旅游景观规划设计方法探究[D].杨凌：西北农林科技大学，2019.

[10] 刘艳.乡村旅游发展的制度供给与行为范式研究[J].山西农业大学学报(社会科学版)，2018，17(01)：7-14.

[11] 张永奇 ."田园综合体"与"城市综合体"的对立统一与运营策略——兼及"特色小镇"等概念的思考[J]. 农村经济与科技，2017，28(20)：167-168.

[12] 陈娟娟 . 中国生态农业旅游模式的规划机制研究[J]. 农业经济,2014(4).

[13] 张杉，赵川 . 乡村文化旅游产业的供给侧改革研究——以大香格里拉地区为例[J]. 农村经济，2016,(8).

[14] 陈薇 . 基于产业协同背景下我国乡村旅游全价值链体系构建分析[J]. 农业经济，2016,(1).

[15] 赵华，于静 . 新常态下乡村旅游与文化创意产业协同发展研究[J]. 经济问题，2015,(4).

[16] 郭磊磊 . 新常态下乡村旅游产业升级发展——基于陕西省棣花古镇的调查研究[J]. 辽宁农业科学，2015,(5).

[17] 何建民 . 我国旅游产业协同发展的形式、动因、路径、障碍及机制[J]. 旅游学刊，2011，26(4).

[18] 推动西北深度贫困地区旅游扶贫[N]. 中国社会科学报，2019-08-13(005).

[19] 周文丽 . 发展旅游扶贫助力脱贫攻坚[N]. 甘肃日报,2018-12-04(005).

[20] 明娟 . 发展全域旅游推进旅游扶贫[N]. 孝感日报，2018-12-22(004).

[21] 何小俄，阮雷虹 . 试论地域文化与城市特色的创造[J]. 中外建筑，2004,(2)：59.

[22] 车珠琳，余伶莲，卢松 . 江淮圩堡文化景观旅游开发研究———以肥西县四大圩堡为例[J]. 云南地理环境研究，2014,(4)：54-59.

[23] 宋晓真 . 以建筑设计为例浅谈设计的地域与民族特色[J]. 艺术科技，2014,(12)：160.

[24] 王江，赵继龙，周忠凯 . 乡村聚落社区化进程中规划空间与自助空间协同共生的机制[J]. 湖南城市学院学报，2014,(5)：33-38.

[25] 迟福林．城乡基本公共服务均等化与城乡一体化[J]．理论探讨,2008,(24).
[26] 方欣．新农村建设的理性选择——基本公共服务均等化[J]．农场经济管理．2008,(5).
[27] 曹桂英，任强．未来全国和不同区域人口城镇化水平预测[J]．人口与经济．2005,(4).
[28] 沈雪容．农村社会老年人非正式支持的现状与拓展——应对农村老龄化社会的路径选择[J]．武汉理工大学学报．2006,(6).
[29] 于华东．从农村师资状况透视城乡教育的差距[J]．湖北民族学院学报(哲学社会科学版)，2008,(6).
[30] 宋斌文．农村劳动力转移对农村老龄化的影响及其对策建议[J]．公共管理学报，2004,(5).
[31] 汤一亮，陈泰龙．调查显示我国10年90万个自然村消失[EB/OL]．人民网，2013-08-09.http://finance.people.com.cn/money/2013/0809/c218900-22502724.html.
[32] 乔成云，李方．用五大理念引领乡村旅游发展[N]．中国旅游报，2016-08-23.
[33] 罗尼斯拉夫·马林诺夫斯基．文化论[M]．费孝通译．北京：华夏出版社出版，2002.
[34] 何建华．乡村文化的道德治理功能[J]．伦理学研究，2018,(4):93-97.
[35] 人民出版社．国家新型城镇化规划(2014—2020年)[M]．北京：人民出版社，2014.
[36] 新华社．中共中央国务院印发《乡村振兴战略规划(2018-2022年)》[J]．农村工作通讯，2018,(18):8-35.
[37] 殷冬阳．云南乡村文化产业经营模式研究[D]．昆明：云南财经大学，2018.
[38] 杰弗瑞·戈比著，康筝等译．你生命中的休闲[M]．昆明：云南大学出版社，2000.

[39] 李玉新 . 乡村旅游中的生态系统服务与生态占用研究——以北京市延庆区为例 [D]. 北京：中国农业大学，2014.

[40] 陈家海 . 产业协同：狭义概念的内涵及其广义化 [J]. 上海经济研究，2009,（11）: 35-41+96.

[41] 马勇，陈慧英 . 基于产业协同的旅游全价值链体系构建研究 [J]. 旅游研究，2012，4（2）: 1-6.

[42] 刘畅 . 产业协同视角下恩施州乡村旅游发展研究 [D]. 扬州：扬州大学，2016.

[43] 谢贞发 . 产业集群理论研究述评的 [J]. 经济评论，2005,（5）: 118-124.

[44] 杨伟荣 . 乡村旅游产业集群化发展的理论与实证分析 [D]. 武汉：华中师范大学，2008.

[45] 世界环境与发展委员会，王之佳等译 . 我们共同的未来 [M]. 长春：吉林人民出版社，1997.

[46] 新华社 . 中共中央国务院关于加大改革创新力度加快农业现代化建设的若干意见 [EB/OL] .http：//www.gov.cn/zhengce/2015/02/01/content_2813034.htm.

[47] 国务院办公厅 . 关于推进农村一二兰产业诞合发展的指导意见 [EB/OL]. http：//www.gov.cn/zhengce/2016/01/04/content_10549.htm.

[48] 黄继元 . 乡村旅游开发与非物质文化遗产传承与保护研究——以云南省石林县大糯黑村为例 [J]. 云南社会科学，2010,（3）: 114-118.

[49] 李美云 . 国外产业协同研究新进展 [J]. 外国经济与管理，2005，27（12）: 12-20.

[50] 麻学锋，张世兵，巧茂兴 . 旅游产业协同路径分析机 [J]. 经济地理，2010，30（4）: 679-681.

[51] 国务院．关于印发《促进乡村旅游发展提质升级行动方案（2017年）》的通知［EB/OL］．发展改革委网站，2017–07–18.http：//www.gov.cn/xinwen/2017/07/18/content_5211529.htm.
[52] 途牛发布《2017乡村旅游分析报告》［EB/OL］．中国乡村旅游网，2017–08–25.http：//www.crttrip.com/showinfo–17–2560–0.htm.
[53] 国务院．关于印发《促进乡村旅游发展提质升级行动方案（2017年）》的通知［EB/OL］．发展改革委网站，2017–07–18，http：//www.gov.cn/xinwen/2017/07/18/content_5211529.htm.
[54] 中共中央办公厅，国务院办公厅．国家“十三五”时期文化发展改革规划纲要［EB/OL］.2017–5–7.https：//baike.baidu.com/item.
[55] 高宏存．理念更新带动乡村社区公共文化服务创新[J]. 行政管理改革，2019，（5）：27–29.
[56] 郑凤萍、丁永义、阎晶．国外乡村旅游发展对我国的启示[J]. 北方经贸，2008（3）
[57] 蒙瑞．乡村生态旅游理论与实践[M]. 北京：中国环境科学出版社，2007.
[58] 干永福、刘锋．乡村旅游概论[M]. 中国旅游出版社，2017：30.
[59] 何丽芳．乡村旅游与传统文化[M]. 北京：地震出版社，2006：12.

后 记

推动乡村文化和旅游协同发展，不仅是当前文旅全面协同发展的必然要求，也是乡村振兴的重要举措。党的十九大提出实施乡村振兴战略，推动乡村文旅协同发展则是乡村振兴战略的基础工程。

《宁夏乡村文旅协同发展概述》是在宁夏文旅厅领导下由宁夏民族艺术研究所组织撰写和编辑完成的。

全书从筹划、调研、撰稿到成书历时近一年多时间。2019年3月至5月宁夏民族艺术研究所组织多位专家进行调研，形成调研报告，并对以下问题进行深入研究。如乡村文化和旅游协同的客观基础；乡村文化和旅游协同的基本内涵；宁夏乡村文化和旅游协同发展的现状分析，具体包括：宁夏乡村文旅协同发展的原则、宁夏乡村文旅协同发展的阶段、宁夏乡村文旅协同发展特色、宁夏乡村文旅协同发展的不足及原因、宁夏乡村文旅协同发展的机会与竞争，以及宁夏乡村文旅协同发展路径和国内外乡村文化旅游协同发展的启示。2019年10月完成初稿，后经过多次精心编辑修改。

全书共六章，近二十万字。宁夏大学、中共宁夏区委党校、《共产党人》杂志、中共中央党校的几位专家学者和宁夏民族艺术研究所的工作人员参与了本书的撰稿工作，主要撰稿人分工如下：第一章（徐雯雅），第二章（刘志鹏），第三章（徐雯雅、陆筱璐），第四、五章（陆筱璐），第六章（徐树雄）。统稿工作由徐雯雅、刘沐言、张绍慧共同完成。为了能够使本书早日出版，编写组成员付出了辛勤的劳动，在此一并表示感谢。同时，因资料和经验有限，疏漏欠妥之处恐所难免，敬请广大读者批评指正。

编　者

2021年1月